Fritzis Advent

Bochum

in der Biedermeierzeit

24 Geschichten und Bastelbögen von
Bochumer Häusern aus der Zeit
Kortums

Aufgeschrieben und gestaltet von
Carola Mehring

Bochum um 1840

Bochum heute

Fritzi führt uns in die Biedermeierzeit in Bochum. Vielleicht war es das Jahr 1825? Bochum war zu der Zeit ein kleines Städtchen mit 2000 Einwohnern, für unsere Begriffe allerdings nur ein ziemlich winziges Dorf.

Es nahte die Weihnachtszeit. Wie könnte es in dieser Zeit in Bochum ausgesehen haben? Viel weiß man nicht darüber. Aber sicherlich werden es sich die Leute in der trüben Jahreszeit in den Häusern so gemütlich wie möglich gemacht haben, obwohl die Adventszeit **Fastenzeit** war. Aber der Barbaratag und der Nikolaus-Abend unterbrachen ja schon die ‚stille Zeit', in der keine lauten Feste und Tanzveranstaltungen stattfinden durften. In der Biedermeierzeit entstand auch die Sitte, den Christbaum mit Glaskugeln zu schmücken, außerdem wurde ‚Zuckerzeug' in den Baum gehängt. Das alles musste ja hergestellt werden, so wird trotz der Fastenzeit das ein oder andere in Schleckermäulern verschwunden sein.

In dieser Zeit wurde es auch üblich, den Kindern **ein** (!) Spielzeug zu schenken. Außerdem wird die Vorbereitung und die Geheimnistuerei - damals wie heute - viel Freude bereitet haben.

Dazu dient auch dieser Adventskalender.
Zuerst soll er natürlich Menschen, die gerne
malen und basteln, aber auch Leute, die daran
Freude haben, Bochum vor fast 200 Jahren im
Modell nachzubauen, glücklich machen.
Allerdings sind die Modelle nicht alle im gleichen
Maßstab konstruiert. (Bastelanleitung S.78)
Manche Bauwerke musste ich vereinfachen und
Erker, Türmchen u.Ä. weglassen, denn die
Häuschen sollen noch einen anderen Zweck
erfüllen:
Es sind ‚**Pralinenhäuschen**'!
Die kleinen Behausungen können vorsichtig mit
(eingepackten) Pralinen oder
Schokoladentäfelchen gefüllt werden. Dann kann
man sie – wie in der Biedermeierzeit – an den
Tannenbaum hängen oder sie werden an nette
Menschen im Bekanntenkreis verschenkt.

Und nun:
Viel Freude beim Lesen, Malen, Basteln,
Schneiden, Kleben, Füllen...und Verschenken!

1 Der Stern für Vögel

Fritzis Oma hatte schon in der Erntezeit einige Getreide-Ähren mit den Halmen an einen besonderen Platz in der Kornkammer auf dem Dachboden gelegt. Jetzt holte sie das Bündel auf die Deele. Kunstvoll ordnete sie Halme zu mehreren 5-zackigen Sternen, die Spitzen bildeten die Ähren. Die Kreuzungspunkte der Halmbündel wurden jetzt mit Fadenresten zusammengeknotet, dabei mussten die Kinder helfen. Oma tat der Rücken schon weh! „Warum bekommen die Vögel von uns im Winter Korn?", fragte Willi, „im Sommer verscheuchst du die Piepmätze, wenn sie an die Körner gehen!" „Im Sommer sollen sie auch ihre Arbeit tun", erklärte die Oma, „dann sollen sie die Raupen und das andere Ungeziefer von unseren Obstbäumen und vom Gemüse sammeln. Aber jetzt gibt es da nichts mehr zu holen, jetzt müssen die Menschen für die kleinen gefiederten Helfer sorgen!"

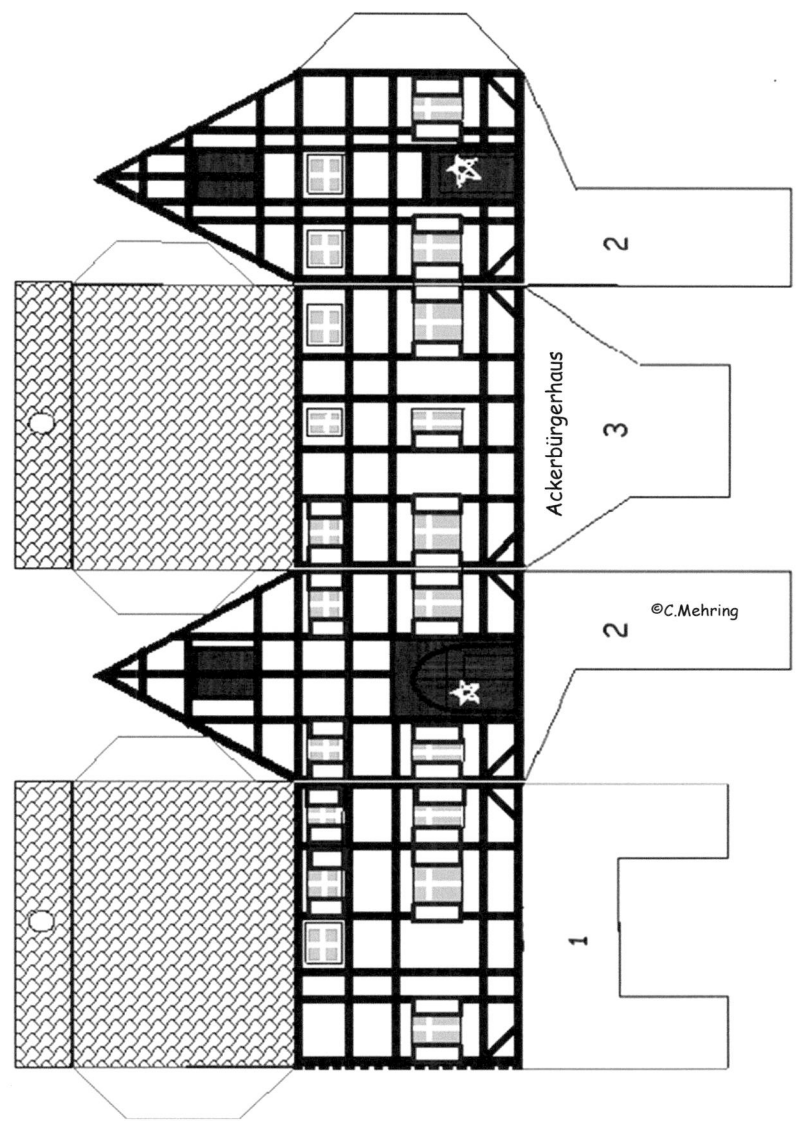

Ackerbürgerhaus

©C.Mehring

Auch Handwerkerhäuser besaßen oft ein
‚Deelentor', denn die Handwerker betrieben
neben ihrem Beruf noch eine kleine
Landwirtschaft. Sie hatten eine oder zwei Kühe,
ein paar Hühner, einen Garten mit Obst und
Gemüse und außerhalb der Stadt vielleicht noch
einen kleinen Acker.

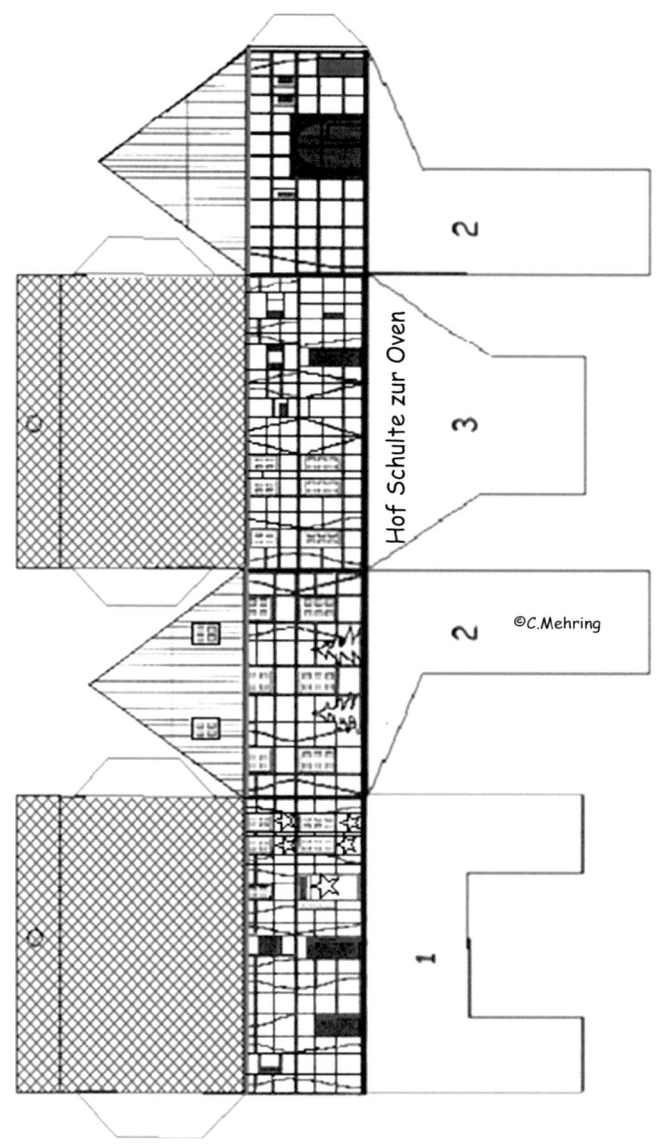

Hof Schulte zur Oven

©C.Mehring

Den Hof Schulte zur Oven gab es schon vor 700 Jahren. Er lag an der heutigen Düsterstr. in Bochum-Stiepel. Das Haus, das heute noch existiert, wurde um 1760 erbaut. Es steht direkt hinter Haus Kemnade.

In der Zeit, in der die Geschichte von Fritzi spielt, lebten auf dem Hof Johann Heinrich Schulte-zur-Oven und seine Frau Anna Catharina Elisabeth geb. Wünnenberg. Sie hatten 9 Kinder.

Lohn der Arbeit

Fritzis Eltern stritten nicht oft, aber diesmal hatte es doch Ärger gegeben. Fritzi sollte mit Anton, dem Gesellen, beim Bauern Schulte-zur-Oven den bestellten Christbaumständer abliefern. Die Gelegenheit war günstig, Anton und Fritzi wurden auf der Hin- und Rückfahrt von ihrem Nachbarn mitgenommen, der Brennholz und Kohlen in Stiepel besorgen wollte. Vater hatte den Preis berechnet und eine Rechnung geschrieben. Mutter hatte gesehen, wie viel der Ständer kosten sollte und kurz überschlagen......ja, das würde gerade passen! Fritzi und Anton sollten anstelle des Geldes Honig und Bienenwachs mitbringen, denn den besten Honig im Amtsgebiet von Bochum gab es bei Schulte-zur-Oven. Vater wollte lieber das Geld bekommen, denn Bargeld war in dem großen Haushalt immer knapp. Mutter funkelte ihn an: "Und wer hat im letzten Jahr vor dem Weihnachtsfest, noch mitten in der hochheiligen Fastenzeit, heimlich fast den ganzen Honigkuchen aufgefuttert, den Bessma und ich gebacken hatten? Meinst du, das soll noch einmal passieren, dass wir anderen nichts davon mitkriegen?" Kleinlaut zog der Vater sich in die Werkstatt zurück. Der Christbaumständer wurde gegen Honig und Bienenwachs getauscht.

Bessma: plattdeutsch ‚Oma'

Die Idee

Knurrig saß Vater in der Werkstatt, Bargeld hätte er für neue Kataloge, schöne Beschläge, gute Scharniere, kunstvolle Schlösser gebraucht. Er musste den Kunden doch Angebote machen können! Aber diese Frauleute hatten von seinen Sorgen ja keine Ahnung. Da kam Anton hereingepoltert, er hatte Post von seinen Eltern aus dem Weserbergland bekommen. „Mein Vater hat mir einen wunderbaren Katalog geschickt! Nürnberger Tand! Meister, einige Spielzeuge können wir auch arbeiten! Seht euch das an!"

Er schlug einige Seiten auf und zeigte begeistert auf Steckenpferde und Kästen mit Holzbauklötzen, Puppenstuben und Puppenstubenmöbeln, Pferdchen auf Rädern zum Ziehen und kleine Puppenwiegen. „Meister", schrie er, als wenn der Schreiner taub wäre, „das stellt in Bochum keiner her! Aber wir!" Antons Begeisterung war ansteckend, die beiden rechnet, zeichneten und planten, Opa kam noch dazu, später Fritzi und Willi. Es war schon dunkel und sie mussten die Öllampen entzünden, doch dann war klar, was sie in den nächsten Wochen noch herstellen wollten.

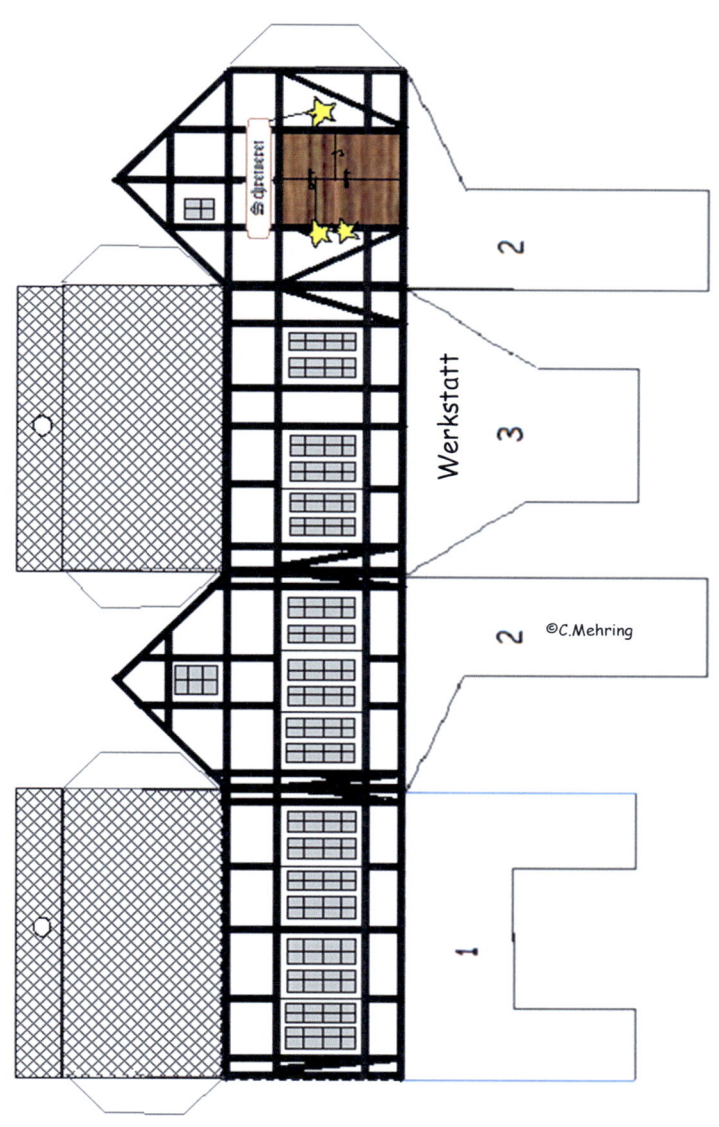

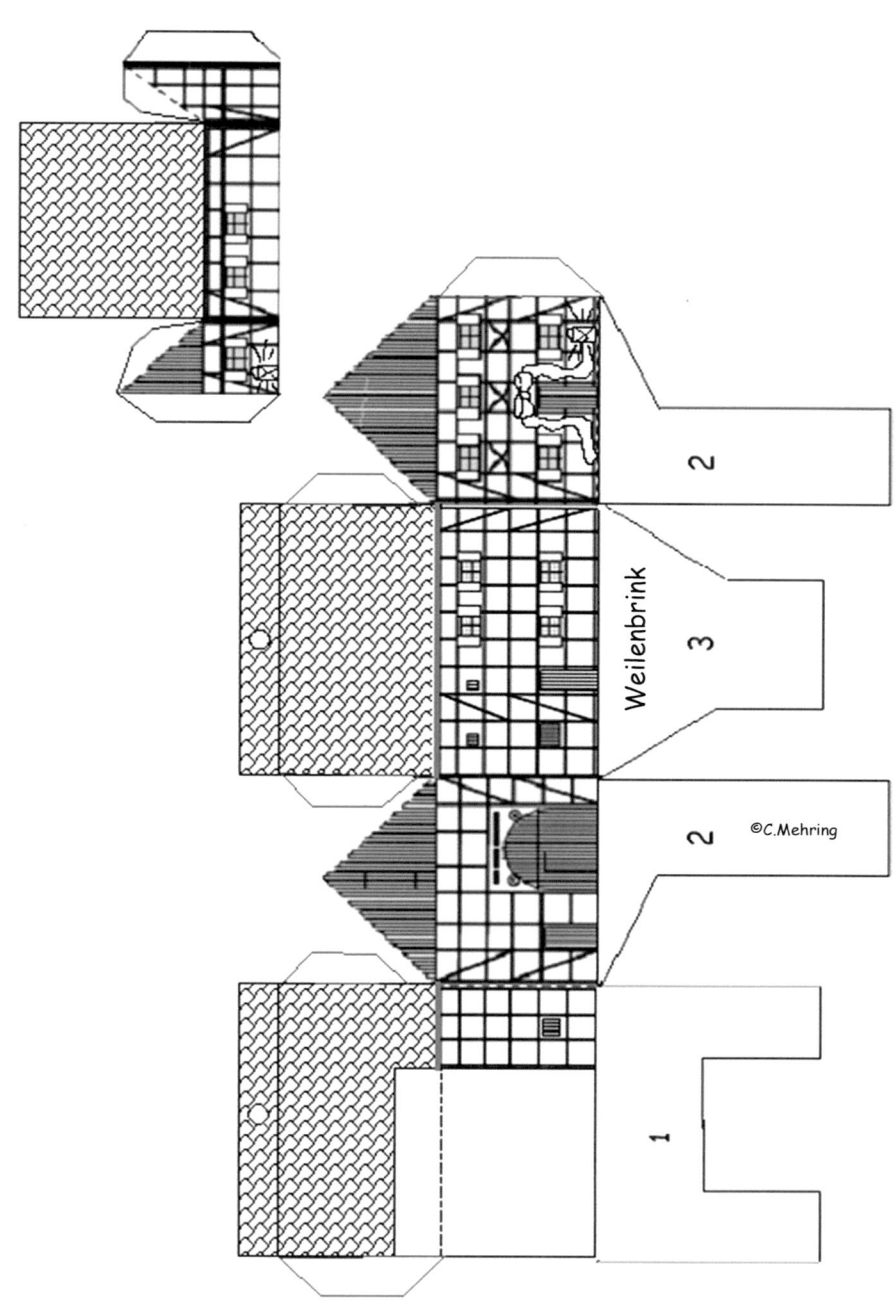

Weilenbrink

©C.Mehring

Der Hof gehörte dem uralten Marienkloster in Herdecke. In einem Verzeichnis von 1229 wird ein Gutshof in Bochum erwähnt, der Pacht an das Kloster zahlen musste. Beim großen Brand von Bochum 1517 wurde selbst der etwas abseits liegende Hof nicht verschont, auch er brannte ab. 1536 war er immer noch nicht wieder aufgebaut, erst um 1577 scheint er endlich wieder bewohnbar gewesen zu sein.

1815 wurde der Hof, der Garten und eine Wiese mit Obstbäumen an die katholische Kirche verkaufte, die den Hof für den Frühmesseherr benötigte. Später wurde der ‚Wölenbrink' bis 1860 als Schulgebäude benutzt, dann wurde das alte Haus abgerissen. Nur ein Straßenname erinnert noch an den Hof.

Der Barbara-Zweig

Der kalte Wind sauste durch die Straßen, es musste unter 0 C° sein, denn das Wasser in den Waschschüsseln hatte eine dünne Eisschicht. Auch die Fenster waren mit Eisblumen überzogen. Das sah zwar hübsch aus, aber niemand im Haus des Schreiners beachtete es weiter. Die Körperpflege beschränkte sich auf eine Katzenwäsche, jeder zog sich so schnell wie möglich etwas Warmes über, dann gab es in der Küche Brei und Muckefuck. Danach eilte die gesamte Familie in die Kirche. Nach dem Gottesdienst winkte der Frühmessner den Vater zu sich, Fritzi war sofort an seiner Seite. Das Kopfschütteln der Mutter beachtete sie einfach nicht. Herr Homborg erklärte umständlich, dass er gerne einen Bücherschrank in Auftrag geben würde, der Vater solle doch mitkommen und schon einmal Maß nehmen. Fritzi war begeistert, das war **ihre** Aufgabe! Die nette Haushälterin hatte auch schon echten Bohnenkaffee gekocht! Zum Schluss gab sie Fritzi einen Barbarazweig aus dem großen Obstgarten des Wölenbrinkhofes mit. „Wenn der Zweig Weihnachten blüht, gibt es eine gute Ernte!", weissagte sie.

Der Weihnachtsduft

Die Tochter Henriette von Dr. Kortum hatte zwei Kerzenständer anfertigen lassen, sehr schön gedrechselt. Sie sollten wohl den Tisch beim weihnachtlichen Festmahl zieren. Fritzi musste sie ins alte Kortumsche Wohnhaus bringen. Die Bessma schlug die Kerzenständer in wollene Tücher ein, damit ja kein Kratzer den guten Eindruck zerstören sollte. Vorsichtig trug Fritzi das Päckchen zur Rosenstraße. Die Kerzenständer wurden ausgewickelt, sehr gelobt und bewundert. Fritzi freute sich, nahm den Lohn für die Arbeit des Vaters in Empfang und wandte sich zum Gehen. Da drückte ihr Henriette noch einen Beutel in die Hand, der duftete verführerisch nach Anis, Ingwer, Nelken und Kardamom!
Fritzi ahnte, was darin war! Lebkuchen!
Zuhause wurde nicht nur der Lohn, sondern auch der köstliche Kuchen freudig in Empfang genommen.

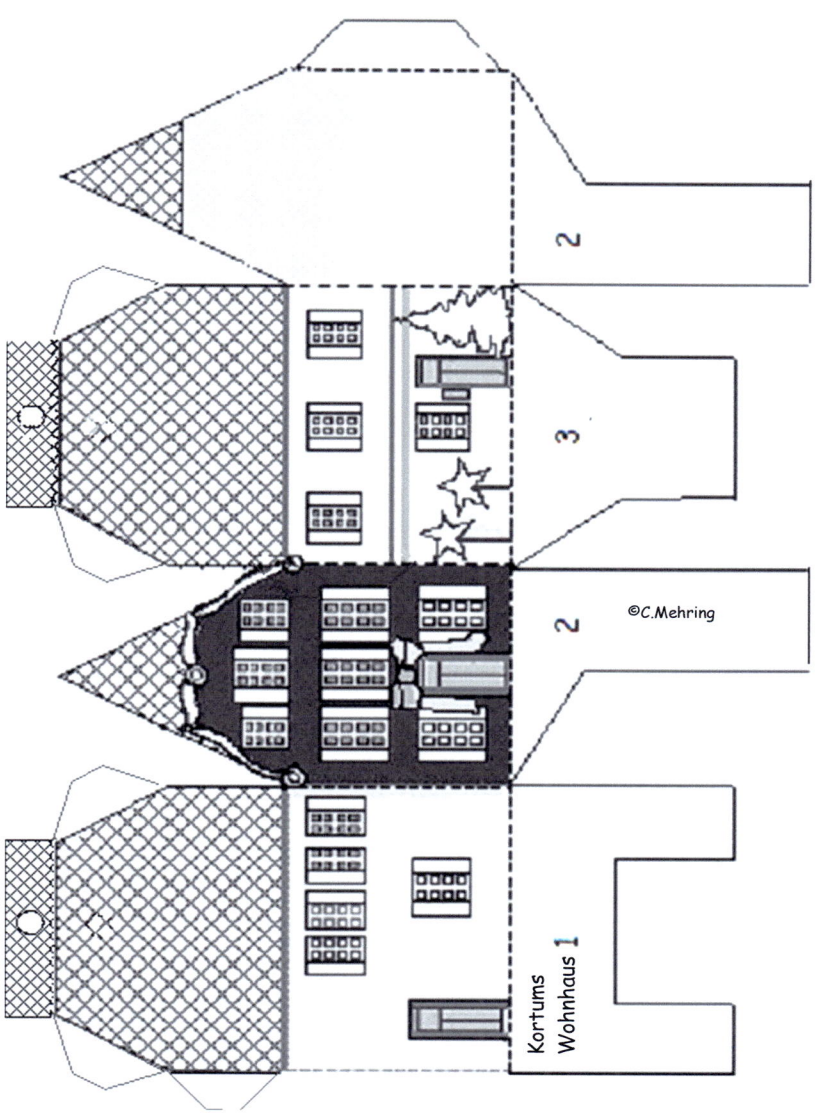

Kortums Wohnhaus 1

©C.Mehring

In der vornehmen Rosenstraße gab es einige
Fachwerkhäuser im ‚bergischen Stil‘, sie waren zur
Wetterseite hin mit Schieferplatten verkleidet,
die Fensterrahmen waren weiß, die Fensterläden
grün gestrichen. Kortum wohnte in einem dieser
Häuser.

Das Haus von Dr. Kortum befand sich ungefähr da,
wo man heute bei ‚Lötte‘ Schuhe kaufen kann. An
der Hauswand ist ein Schild mit einem Bild von
Kortums Haus angebracht.

Zu Kortums Lebzeiten scheint vor dem Haus ein
kleiner Garten gewesen zu sein.

1902 wurde das Haus abgerissen. Schon damals
bedauerten das viele Bochumer.

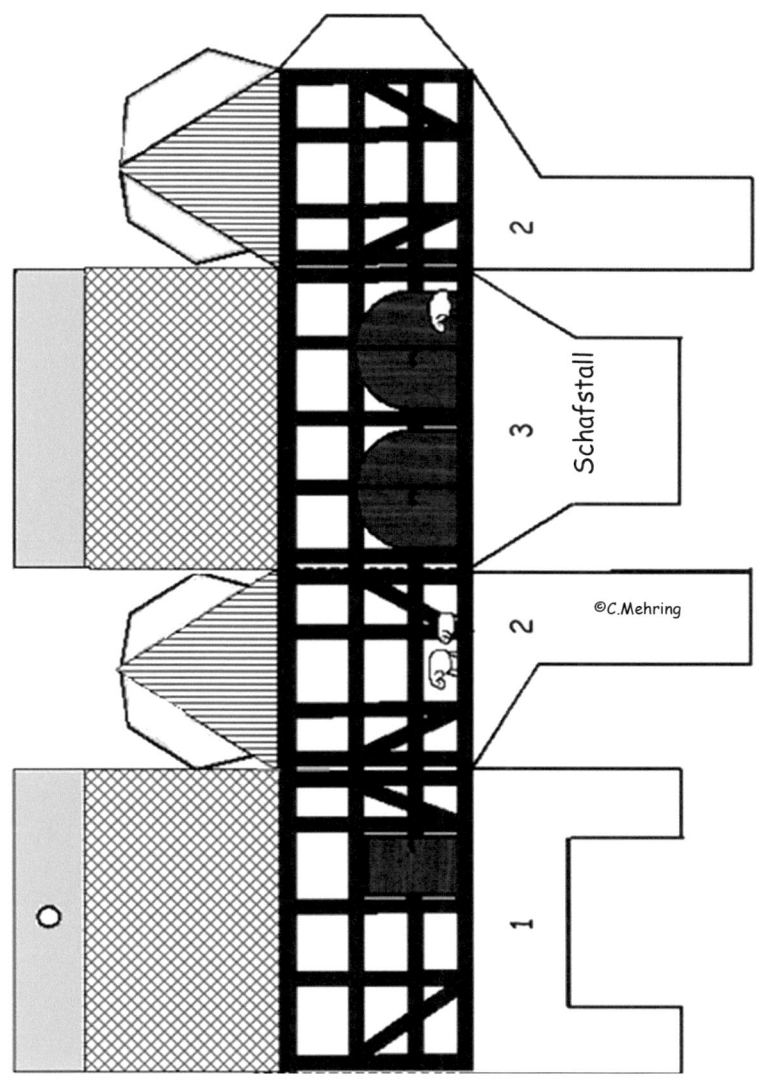

Schafstall

©C.Mehring

1 2 3 2

Belohnte Nachbarschaftshilfe

Am Abend hatte jeder der Schreinerkinder einen sauber geputzten Schuh in die Deele gestellt, hoffentlich würde der Nikolaus etwas hineintun! Sie waren doch fast immer brav gewesen! Auch der Geselle hatte seine riesigen Schuhe dazugestellt! Unverschämterweise auch noch beide!

Doch dann kam völlig aufgelöst der Nachbar hereingestürmt, der Schafstall war aufgebrochen worden und die Schafe liefen verstört durch die Nacht! Die Laternen wurden angezündet, die geputzten Schuhe angezogen, alle zogen sich warm an. Dann gingen die Nachbarn gemeinsam auf die Suche nach den versprengten Schafen. Die meisten der verängstigten Tiere wurden schnell entdeckt, 3 Schafe wurden nicht gefunden.

Doch wie sahen nach diesem Einsatz die Schuhe aus! Fritzi fluchte leise vor sich hin, mit derartig dreckigen Schochen war vom Nikolaus nichts zu erwarten. Doch wie staunten alle, als bei ihrer Heimkehr Äpfel und Nüsse und sogar Süßholz (Lakritz) in ihren Holzschuhen steckten!

Die neuen Kerzen

Morgens beim Frühstück stand schon der erste Kunde in der Küche. Die ganze Familie wusste es: Vater hasste es, wenn er beim Essen gestört wurde. Aber Kunde war Kunde! Und dieser Kunde schien ziemlich genervt zu sein! „Eine Blendlade klappert schon seit Tagen, sie hängt schief in der Angel, heute Nacht bei dem Wind war es ganz schlimm! Aber noch schlimmer war meine Frau, sie hat die ganze Nacht gezetert, weil ich nicht schon früher zu euch gekommen bin!", jammerte Bernhard Dahm, der Besitzer der Brauerei und Gastwirtschaft bei der Pumpe. Da musste selbst der Schreinermeister schmunzeln und versprach, sich die schadhafte Blendlade sofort anzusehen. Der Schaden war schnell behoben. Bernhard wollte dem Vater ein Bier ausgeben, doch so früh am Morgen war das nichts für den Schreiner. Da kam Bernhards Frau mit einem Päckchen Kerzen an, Stearinkerzen! Die neue Erfindung! „Wenn die Leute zur Uchte gehen, stelle ich in jedes Fenster eine von diesen Kerzen, das sieht bestimmt sehr festlich aus!", freute sich jetzt schon die Wirtin. „Nehmt diese hier für eure Fenster!", sagte sie und drückte ihm das Päckchen in die Hände.

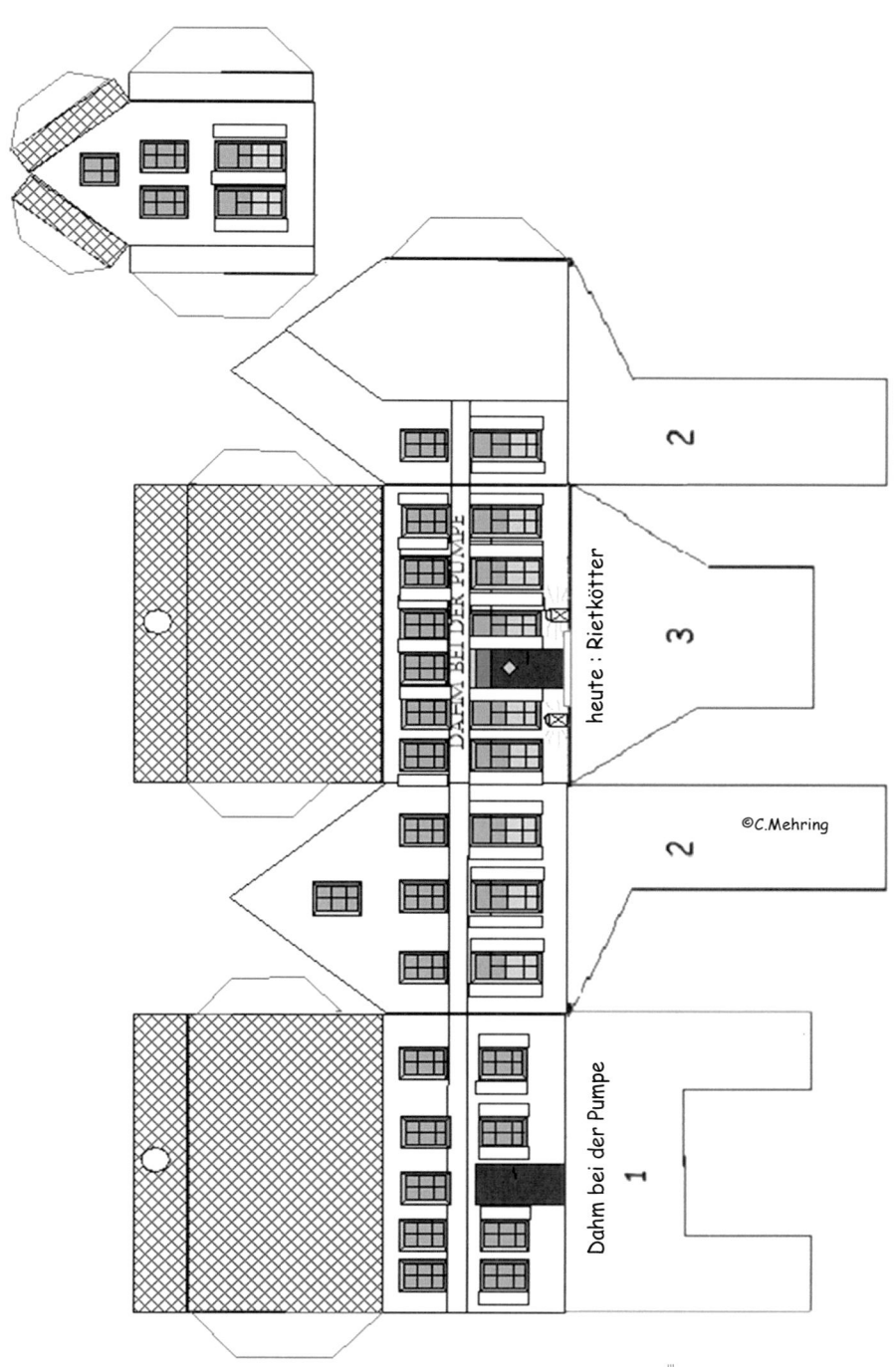

DAHM BEI DER PUMPE

heute : Rietkötter

Dahm bei der Pumpe

©C.Mehring

1

2

3

2

25

Im 17. Jahrhundert gehörte dieses Haus wohl der Pfarrerfamilie Ostermann. Die erste Wirtschaft dort hieß "Dahm an der Pumpe". Später kaufte Theodor Rietkötter das Haus, seitdem heißt die Gastwirtschaft natürlich so.
Dieses Haus ist das einzige Wohnhaus, das aus Fritzis Zeit in Bochum zu finden ist.

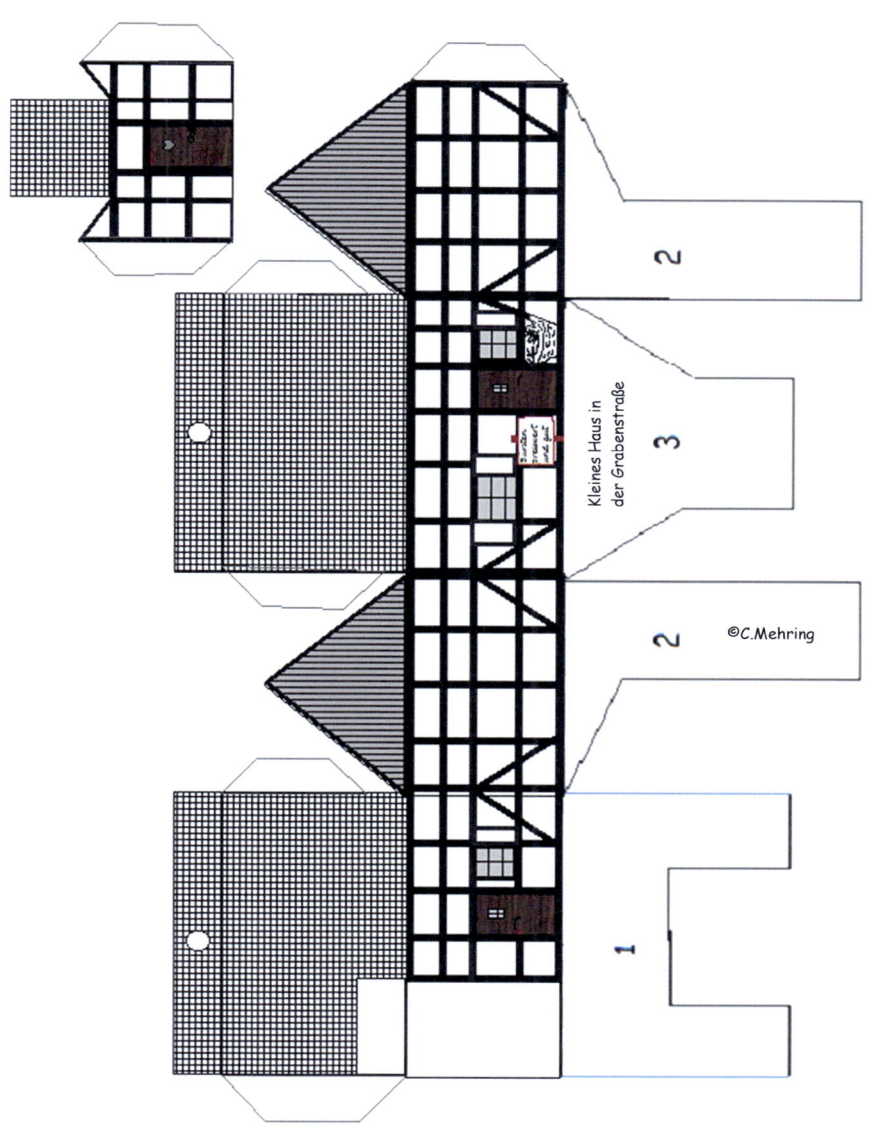

Kleines Haus in
der Grabenstraße

©C.Mehring

1784 wurde ein Drittel der Bochumer Bevölkerung zu den 'Armen' gerechnet. 1789 gab es in Bochum 52 Tagelöhner, die sich - wie Kortum berichtet – mit Dreschen, Holzhauen, Steine brechen und durch Saisonarbeit bei den Bauern über Wasser hielten. Wenn man sich auf dem Stadtplan die klitzekleinen Grundrisse von etlichen Häusern anguckt, weiß man, wo diese Familien gewohnt haben. Den Angaben von Kortum nach müssen etwa ein Siebtel der Bochumer Familien in solch ärmlichen Verhältnissen gelebt haben. Von diesen sicherlich erbärmlichen Häusern ist nun wirklich alles verschwunden. Auch Berichte über das tägliche Leben dieser Menschen gibt es für Bochum nicht.

So musste ich für diese Häuser das Stadtmodell im Stadtarchiv und Fotos vom Freilichtmuseum Detmold benutzen.

Borsten

Wenn die Schreinersleute auf dem Weihnachtsmarkt etwas verkaufen wollten, dann mussten sie sich aber langsam sputen. Anton legte seine Entwürfe für die Steckenpferde vor, doch leider erntete er nur Spott und Hohn. „Das sollen Stecken**pferde** werde und keine Stecken**schweine**!", lachte Fritzi. Auch die gutmütige Oma meinte, Anton müsse noch üben. Anton packte seufzend und ziemlich beleidigt seine Zeichnungen ein. Doch jetzt hatte alle der Ehrgeiz gepackt. Es wurde gezeichnet und verbessert und kritisiert und gelobt, bis endlich der Pferdekopf, den Opa gezeichnet hatte, den Zuschlag erhielt. Doch Opa hatte dem Pferd eine wilde Mähne gezeichnet. Willi hatte sofort eine Idee! Er würde die Mutter seines Freundes bitten, ihnen Borsten zu verkaufen. Sie stellte abends, um noch ein kleines bisschen Geld zu verdienen, Bürsten her. Die Kinder gingen also in die Grabenstraße und kamen mit einem Korb voller Borstenbüschel wieder. Es konnte losgehen!

Aufträge

Am späten Nachmittag betrat noch ein Kunde die Werkstatt, einer der vornehmsten Herren der kleinen Stadt: Herr von Esselen, der Landgerichtsassessor! Er hatte vor ein paar Jahren eine ‚Lesegemeinschaft' gegründet, die sich jetzt ‚Die Gesellschaft Harmonie' nannte. Das war natürlich nur etwas für die feineren Leute. Er wünschte genau für diese Gesellschaft einige Buchgestelle. Auf diese Buchgestelle sollten die kostbaren Bücher gelegt werden und die Mitglieder könnten dann darin blättern und lesen. Vater suchte sofort mit Hilfe von Fritzi einen Katalog mit Vorschlägen hervor und man wurde schnell einig. Da entdeckte der vornehme Herr das erste, fast fertige Steckenpferd. Ein Strahlen ging über sein Gesicht, so ein Steckenpferd hatte er als Kind besessen! Er bestellte sofort noch Steckenpferde für die kleinen Jungen in seiner Verwandtschaft! Nun strahlte auch Anton, weil seine Idee so gut ankam. Und Opa war stolz, dass der vornehme
Herr von Esselen Gefallen an seinem Pferdchen gefunden hatte.

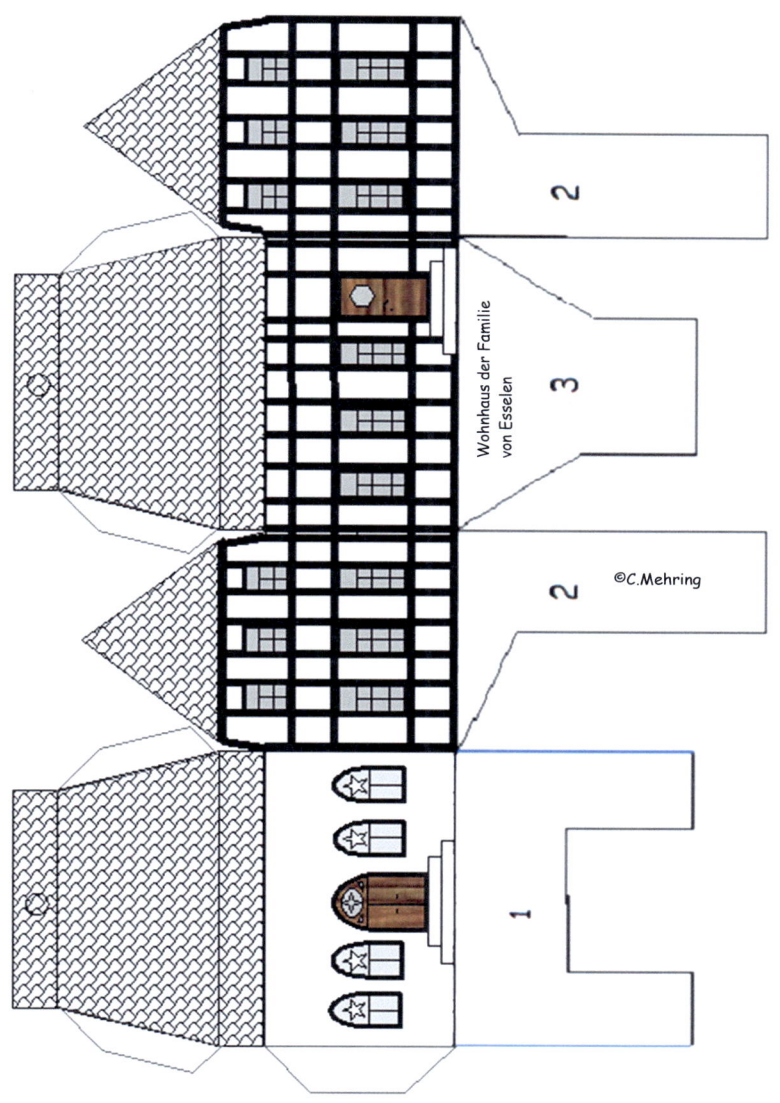

Wohnhaus der Familie von Esselen

©C.Mehring

Die Familie von Esselen spielte immer wieder eine wichtige Rolle in Bochum. Sie stellten Richter, waren im Landrat oder Stadt- und Landgerichtsassessor. 1816 gründete einer der Herren von Esselen eine Lesegemeinschaft, die sich im Berliner Hof traf. Hieraus wurde ein Jahr später die ‚geschlossene Gesellschaft Harmonie'......und die ‚Gesellschaft Harmonie' gibt es in Bochum heute noch! (Gudrunstr.) Außerdem ist noch die Harmoniestraße nach der Gesellschaft benannt.

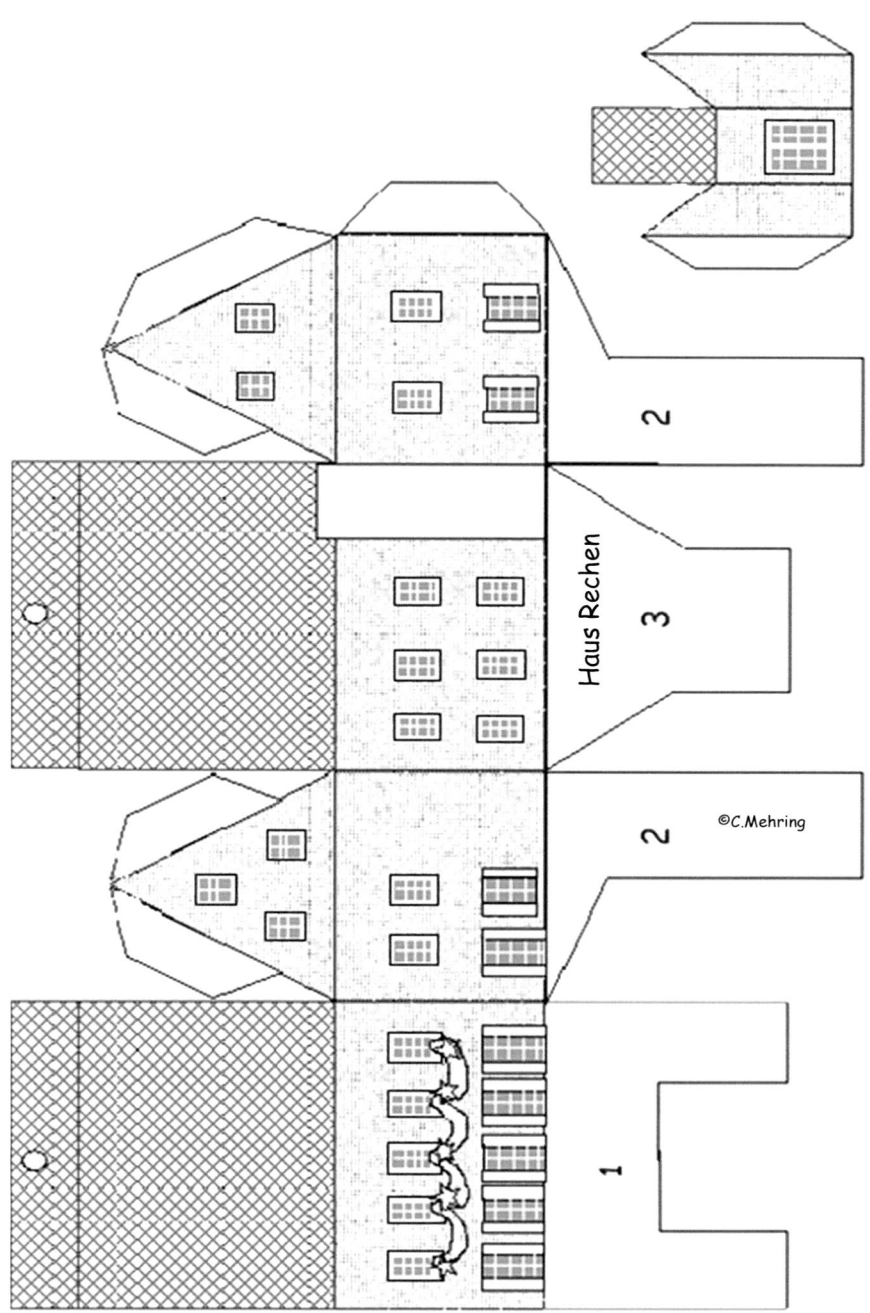

Haus Rechen

©C.Mehring

1 2 3

33

1392 wurde Johann von Rechen mit dem Gut Rechen belehnt. Er ließ wohl das Gutshaus zu einem kleinen Herrensitz mit Wassergraben ausbauen.

Im 16.Jahrhundert übernahm die Familie von Schell den Besitz.

1898 wurden Teile der Ländereien (heutige Kronenstraße) an den Bauunternehmer Clemens Erlemann verkauft,

1904 kaufte Erlemann den Rest des Rechener Gebietes. Dort entstand der Stadtteil ‚Ehrenfeld' mit einem Theater (heute: Schauspielhaus Bochum). Das Haus Rechen wurde ein Ausflugslokal, in den oberen Stockwerken befand sich das Heimatmuseum.

Am 4.11.1944 fiel das Haus in Schutt und Asche und wurde nicht wieder aufgebaut. Heute stehen auf dem Gelände die Kammerspiele und das Finanzamt Bochum-Süd.

10 Lauffeuer

Nein, in Bochum benötigte man
keine Tageszeitung! Auch ein
Telefon wäre ziemlich
überflüssig gewesen! Schon
am nächsten Nachmittag stand die Kutsche der
Frau Wilhelmine von Schell von Haus Rechen vor
dem Haus des Schreinermeisters! Sie wäre unter
einem Vorwand in die Stadt gekommen, damit ihr
Jüngster nichts von ihrem Plan erfahre. Der
Schreiner würde doch in diesem Jahr gutes
Spielzeug anbieten…. Der Meister staunte. So
schnell hatte sich der Plan schon
herumgesprochen? Fritzi hatte sofort begriffen,
dass hier ihr Verkaufstalent gefragt war! Die
Frau hatte 3 Söhne! Der älteste war für Spielzeug
schon zu alt, aber die beiden anderen….Schnell
holte sie das Steckenpferd und zeigte es der
Dame. In der Zwischenzeit hatte sich der Vater
von seinem Schrecken erholt und zog den Katalog
mit den Bauklötzen hervor. Das war Spielzeug, wie
es in den Frauenzeitschriften für die gebildete
Dame angepriesen wurde! Sie bestellte ein
Steckenpferd – bitte mit Lederzaumzeug – und
einen großen Baukasten!

Spieglein, Spieglein

Der nächste Tag brachte eine weitere Überraschung: Baron von Berswordt-Wallrabe von Haus Weitmar stand in der Werkstatt! Opa sägte gerade Holzklötze für die Baukästen, Fritzi friemelte die Borsten als Mähne in die bereits fertiggestellten Steckenpferde. „Wo ist der Meister?", fragte der Baron herrisch, „ich brauche für das Weihnachtsfest für unsere Amalie einen großen Standspiegel – so wie es jetzt modern ist! Amalie wird langsam eine Dame!" Der Opa schnappte nach Luft. Doch Fritzi strahlte den Baron an: „Oh, da kann ich Sie aber am besten beraten! Ihre Amalie ist doch nur ein bisschen älter als ich! Bestimmt weiß ich, was sie sich wünscht!" Dem Opa fielen fast die Augen aus dem Kopf! Sprach man so mit einem Baron? Aber Fritzi hatte schon den Katalog aufgeschlagen und zeigte dem Baron ein paar besonders schöne Exemplare – mit aufwändigen Standbeinen und geschmackvollen Intarsien. Der Vater hatte glücklicherweise schon unterschiedliche Preise – je nach Qualität des Holzes – unter die Modelle geschrieben. Der Baron entschied sich für den Spiegel, den Fritzi ihm wärmstens empfohlen hatte. Und so schloss Fritzi zur Verwunderung des völlig sprachlosen Opas ihren ersten Vertrag ab!

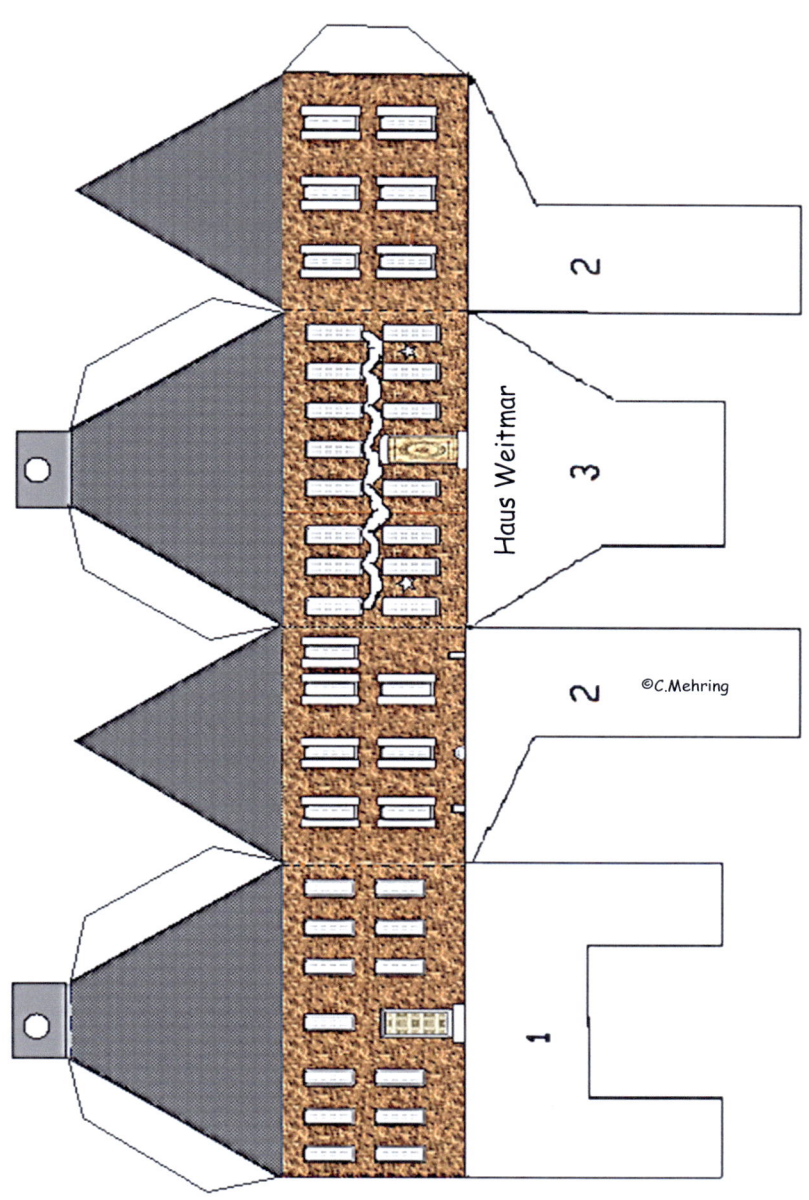

Haus Weitmar

©C.Mehring

Schon vor 1100 Jahren haben an dieser Stelle
Menschen gewohnt, Keramikfunde beweisen es.
Vor 800 Jahren gab es hier nachweislich eine
Hofstelle mit einem Wassergraben, dieser Graben
wurde aber im 13.Jahrhundert wieder zugeschüttet
und man baute ein riesiges Haus mit nur 2 Räumen
auf diesen Platz. Das Haus war ungefähr 27 m lang
und 12 m breit. Die Mauern waren stellenweise 1,40
m dick!
Um 1780 wurde Haus Weitmar an Friedrich Wilhelm
von Berswordt-Wallrabe (1745 - 1814) verkauft. Sein
Enkel Friedrich (1804 - 1880) heiratete Philippe von
Syberg, der Haus Kemnade gehörte. Im Jahre 1880
ging Haus Weitmar in den Besitz des Kammerherrn
Ludwig von Berswordt-Wallrabe über, der alles
erbte.
Am 13. Mai l943 wurde bei einem Fliegerangriff auch
das altehrwürdige Schloss getroffen, Brandbomben
zerstörten das Gebäude. Nur die Außenmauern
blieben stehen. Unersetzliche Werte wurden
zerstört, die viele tausend Bände umfassende
Bibliothek verbrannte. Die Ruine verfiel immer mehr.
Doch das Kulturhauptstadt-Jahr 2010 brachte die
Wende: Der Park wurde wunderschön
wiederhergestellt und in die Ruine wurde ein Glas-
Kubus gebaut. Dort befindet sich jetzt ein Museum.

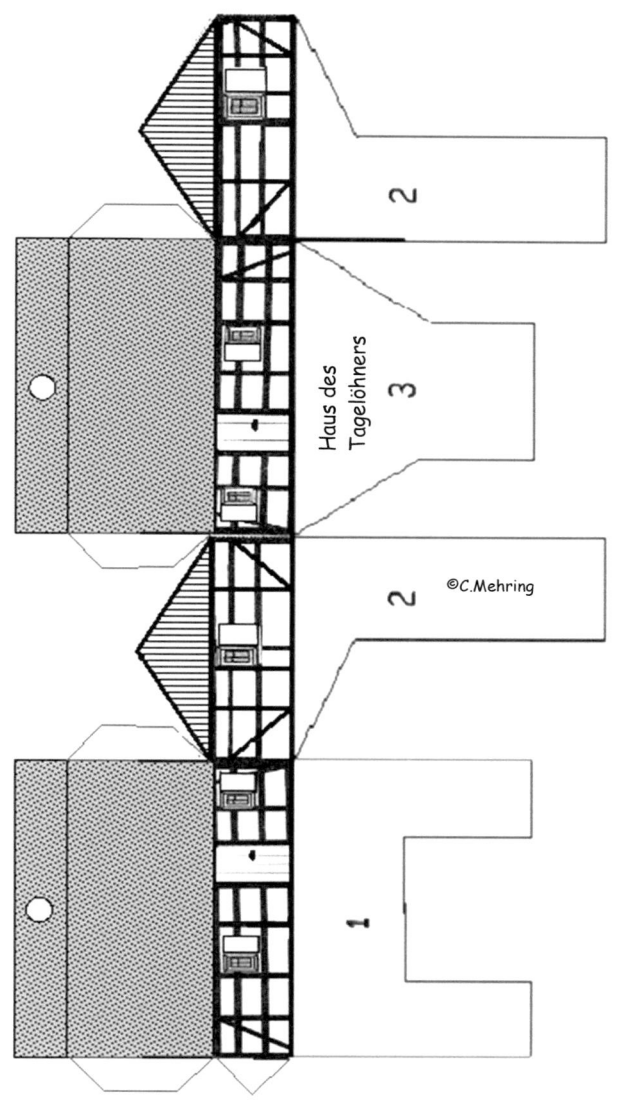

Haus des Tagelöhners

©C.Mehring

Hilfe

In elf Tagen sollte der Markt auf dem Platz vor dem Rathaus stattfinden!

In einer Tonne steckte schon eine beachtliche Anzahl Steckenpferde, eins schöner als das andere. In einer großen Kiste stapelten sich die von Opa gesägten Bauklötze: Würfel, Quader, Zylinder für Säulen, Prismen für Dächer…. Nun musste jedes Teil glattgeschmirgelt und die Kanten gerundet, danach musste es gewachst und poliert werden! Einige Kästen sollten sogar farbig lasierte Klötze enthalten! Jeden Abend hatten schon Fritzi und Willi, Franzi und sogar Hilde daran gearbeitet. Doch die Bauklötze in der Kiste schienen nicht weniger zu werden, eher im Gegenteil, Opa sägte weiter und weiter. Sie brauchten Hilfe. Oma hatte die Idee: „Wir holen Johann!" Johann war der Sohn eines Tagelöhners, die Familie war arm wie Kirchenmäuse. Sie konnten gut einen Esser weniger und einen kleinen Lohn gebrauchen. Und so kam Johann in der Adventszeit nach der Schule sofort mit zur Familie des Schreiners.

Besorgungen

Heute Morgen war die gute Oma schon beim Frühstück der Familie außergewöhnlich nervös, sie hatte doch noch so viel Arbeit bis Weihnachten! Sie wollte unbedingt heute das so beliebte Zuckerwerk in Angriff nehmen. Aber dafür musste sie noch etliche Besorgungen machen! Endlich hatte sie alle aus der Wohnküche gescheucht: Die Kinder in die Schule, die Männer in die Werkstatt; Mutter versorgte zuerst Georg, den Kleinen, Hilde musste sich um die Tiere kümmern. Oma warf sich das dicke Wolltuch um und lief zum Markt zum Specereyenhändler. Sie kaufte Anis und Hirschhornsalz. Mit Argusaugen beobachtete sie, ob der Händler alles richtig abwog! Dann verlangte sie Zucker, den neuen Zucker aus den Rüben! Aber bitte den fein gemahlenen, der so fein war wie Puder! Eilig brachte sie ihre Einkäufe nach Hause und verstaute alles gut in einem Tontopf mit Deckel in der Speisekammer. Sie konnte weder echte Mäuse noch Naschkatzen aus der Familie gebrauchen!

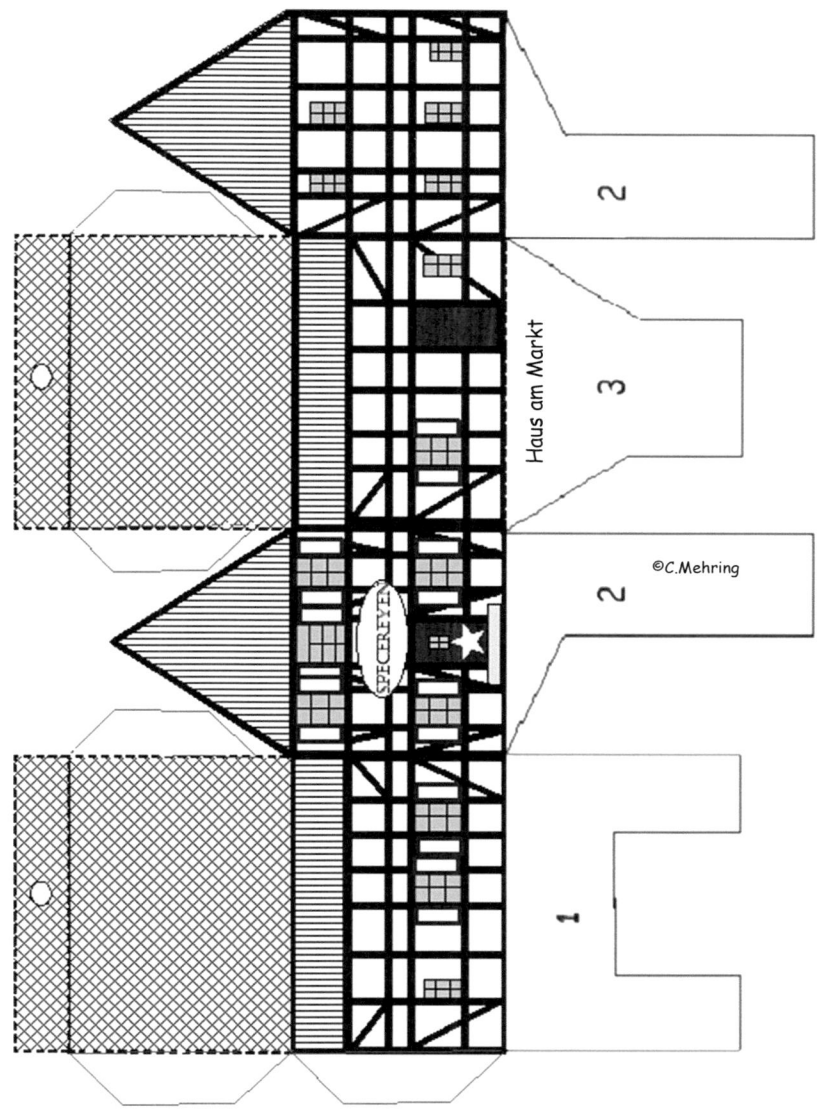

Haus am Markt

©C.Mehring

SPECEREYEN

43

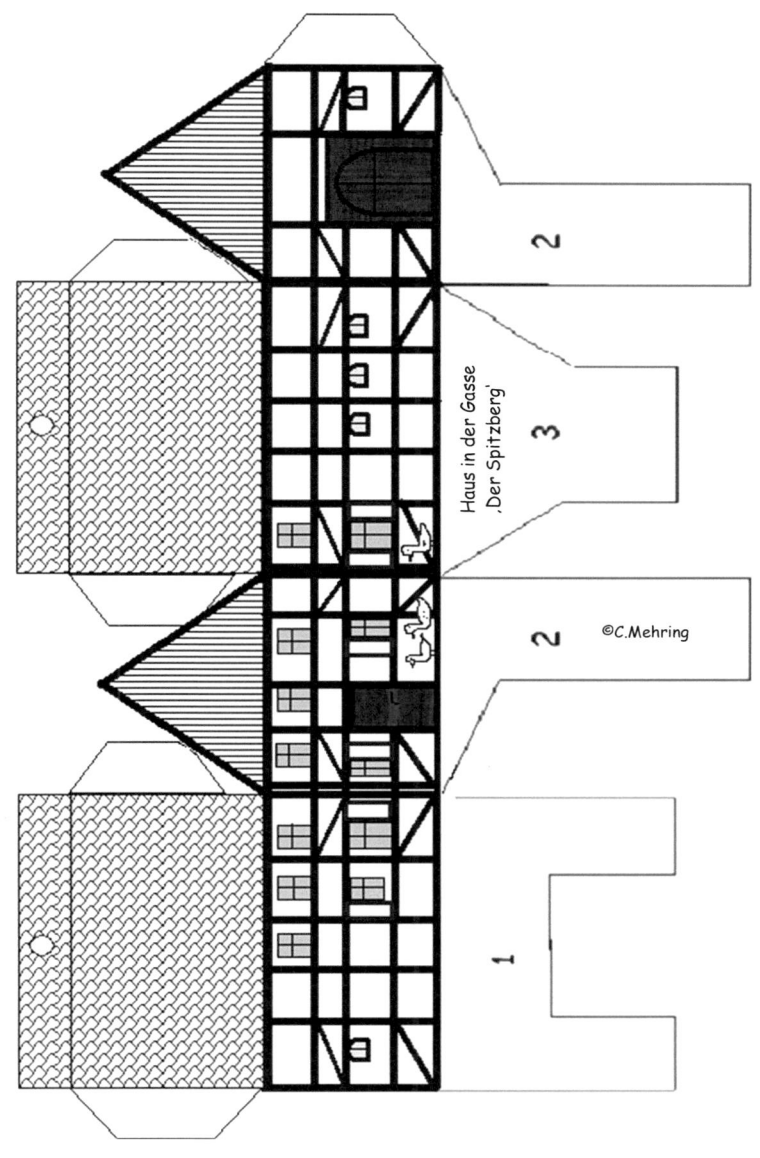

Haus in der Gasse
„Der Spitzberg'

©C.Mehring

45

Noch mehr Besorgungen

Schon beim Frühstück schärfte Oma Fritzi ein, nach der Schule nicht zu trödeln!

Die Model für das Zuckerwerk mussten besorgt werden! Nach der Schule am Vormittag (an den Unterricht am Nachmittag war bei der vielen Arbeit nicht zu denken!) flitzte Fritzi an das andere Ende der Stadt zu Tante Mariechen, um die Holzmodel für das Zuckerwerk zu leihen. Tante Mariechen war eine rundliche Person, der man ansah, dass sie die Produkte ihrer Küche gerne selber aß. So war ihr Zuckerwerk schon fertig und füllten mehrere Tontöpfe. Sie bot Fritzi ihre Köstlichkeiten an, die nur schwach protestierte: "Aber Tante Mariechen, es ist doch Fastenzeit!" Doch Tante Mariechen hatte da keine Probleme: "Wenn beim Christfest die Geburt unseres Herrn gepriesen werden soll, muss es auch schmecken. Also muss eine gute Hausfrau vorher probieren und auch andere um ihr Urteil bitten!" Sie kniepte Fritzi ein Auge zu und lachte. Da ließ Fritzi sich nicht lange nötigen und griff zu. Auf dem Rückweg dachte sie, dass jeder Christbaum unter der Menge des Zuckerzeugs zusammenbrechen müsste, aber wahrscheinlich würde bei der ganzen Probiererei nicht mehr ganz so viel vorhanden sein!

Das goldene Ei

Für die ganze Backerei benötigte man natürlich Eier, doch die Hühner der Schreinerfamilie hatten so wenige Eier gelegt, dass Fritzi zum Bauern geschickt wurde, um noch 2 Dutzend dazuzukaufen! Mutter schärfte Fritzi ein, bei der Bezahlung aufzupassen, die Bäuerin verrechne sich gerne, aber immer zu ihren Gunsten!

Die Bauersfrau klagte ebenfalls über die Hühner, die zu dieser Jahreszeit so schlecht Eier legten. Und das gerade jetzt, wo doch jede gute Hausfrau Eier für das Weihnachtsgebäck benötigen würde! Dann nannte sie den Preis für die Eier und Fritzi stockte der Atem: So viel Geld hatte sie gar nicht mit! Doch schnell fasste sie sich und lachte der Bäuerin ins Gesicht: „Gute Frau! Sie haben mir wohl aus Versehen ein **goldenes** Ei mit in den Korb gelegt! Wir benötigen aber nur Eier zum Backen!" Die Bäuerin wurde rot, sie wusste, dass sie durchschaut worden war. Und der neue Preis hörte sich sehr viel vernünftiger an. Mit einem Triumphgefühl eilte Fritzi nach Hause.

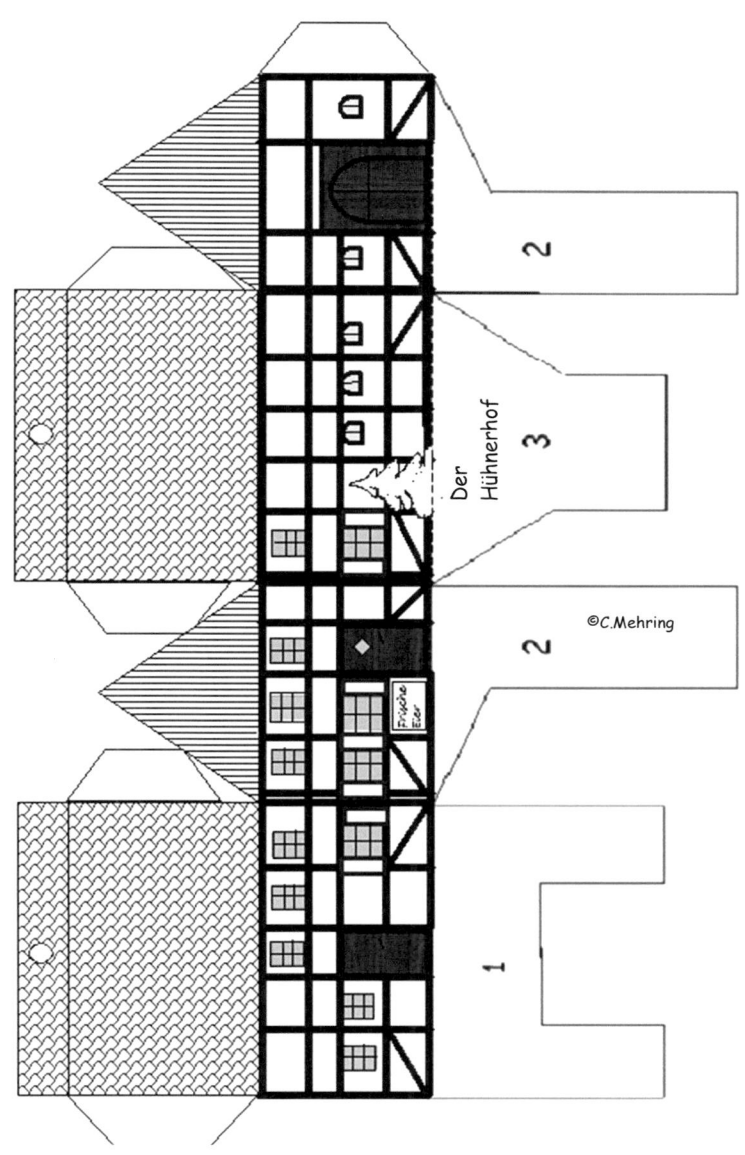

Der Hühnerhof

©C.Mehring

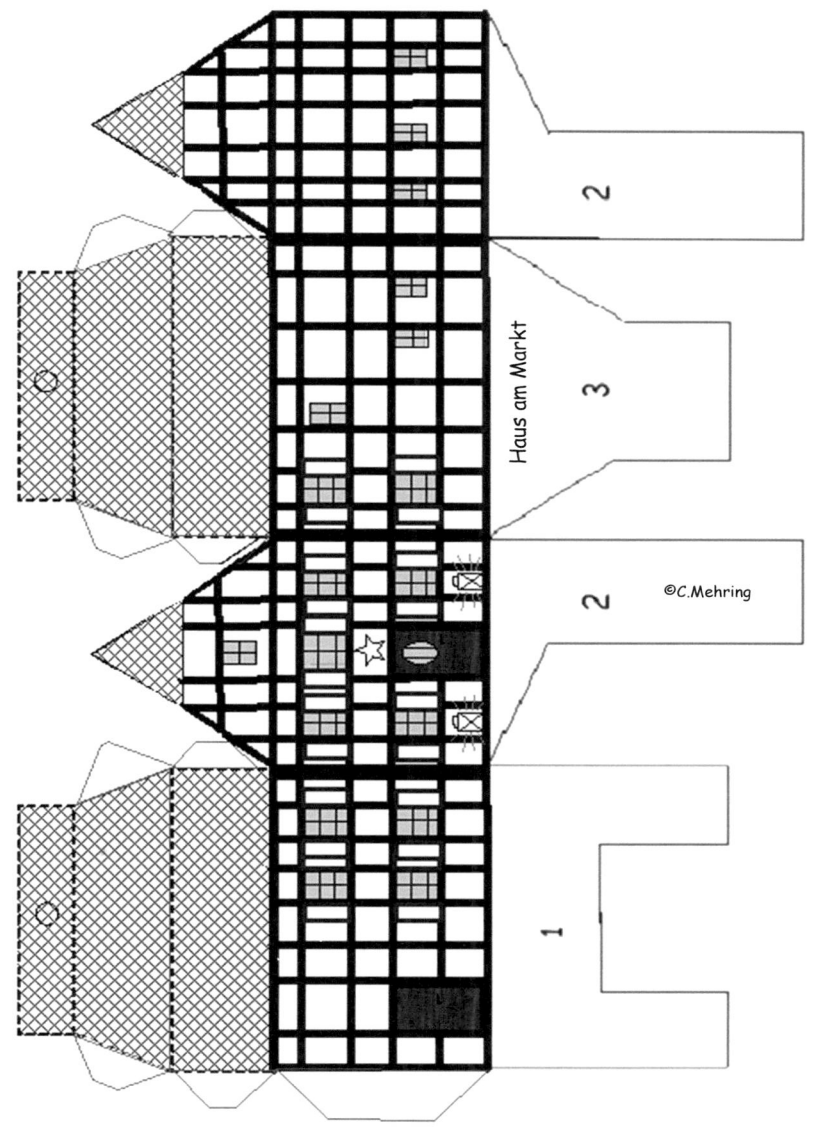

Haus am Markt

©C.Mehring

16 Aufgeregt kam Bürgermeister Steelmann in die Werkstatt gestürzt. Seit 4 Wochen stand – mit Decken verhüllt – der wunderbare Nähtisch in der Ecke der Werkstatt. Carl Steelmann hat den Tisch nach der Vorlage in einem dieser neumodischen Frauenjournale anfertigen lassen, seine Frau hatte immer wieder davon geschwärmt und dann geseufzt: "Ach, in Bochum bekommt man so etwas Vornehmes und Praktisches ja sowieso nicht! Vielleich in Düsseldorf oder Köln...! Aber hier......!" Doch der Schreinermeister hatte den Nähtisch zum Verwechseln ähnlich nachgebaut, nun sollte die Weihnachtsüberraschung in das Haus Steelmann transportiert werden. „Sie ist zu ihrer Schwester nach Hattingen gefahren!", schrie Steelmann so laut und aufgeregt schon an der Tür, dass man Bedenken haben musste, dass seine Frau es nicht doch noch auf der Fahrt hören könnte! Jeder wusste, was jetzt zu tun war. Der kleine Leiterwagen wurde mit weiteren Decken ausgepolstert, Willi und Carl mussten sich in den Wagen setzten und bekamen das verpackte Nähtischen auf den Schoß, sie mussten es festhalten. Vater und Anton zogen den kleinen Leiterwagen über die huckelige Straße, Opa und sogar der vornehme Herr Steelmann schoben. So kam das Tischchen wohlbehalten im Hause Steelmann an und wurde d... bis zum Weihnachtstag gut versteckt.

Schönen Dank und Gottes Lohn?

Leise klopfte es an der Werkstatttür, Carl öffnete und alle sahen erstaunt auf den Küster der evangelischen Pauluskirche. Der wiederum war nun etwas verwirrt, als ihn so viele Augenpaare anstarrten. „Ich wünsche einen guten Abend", nickte er schnell in die Runde und wandte sich sofort an den Schreiner. „Meister, du hast sicherlich gehört, dass die evangelische Gemeinde dabei ist, die schadhaften Holzbohlen, die die Sitzbänke verbinden, auszubessern. Du wunderst dich jetzt sicherlich, warum ich mich an dich wende, da wir in unserer Gemeinde ja auch einen fähigen Schreiner haben. Er hat auch schon mit der Arbeit begonnen, aber gestern hat ihn das Pferd vom Müller mit einem Huf so unglücklich an der Hüfte erwischt, dass er sich im Moment nicht rühren kann! Und das Weihnachtsfest steht doch vor der Tür! Die Bohlen müssen doch wieder gerichtet sein, sonst nehmen noch mehr Menschen Schaden!" „Ich komme morgen vorbei und sehe mir das Unheil an!", versprach der Schreiner, „aber die Rechnung schreibt nicht ein Engel im Himmel, sondern meine Tochter Fritzi - auf Erden!" „ Ihr sollt Euren gerechten Lohn erhalten!", stammelte der Küster, er hatte den Meister verstanden.

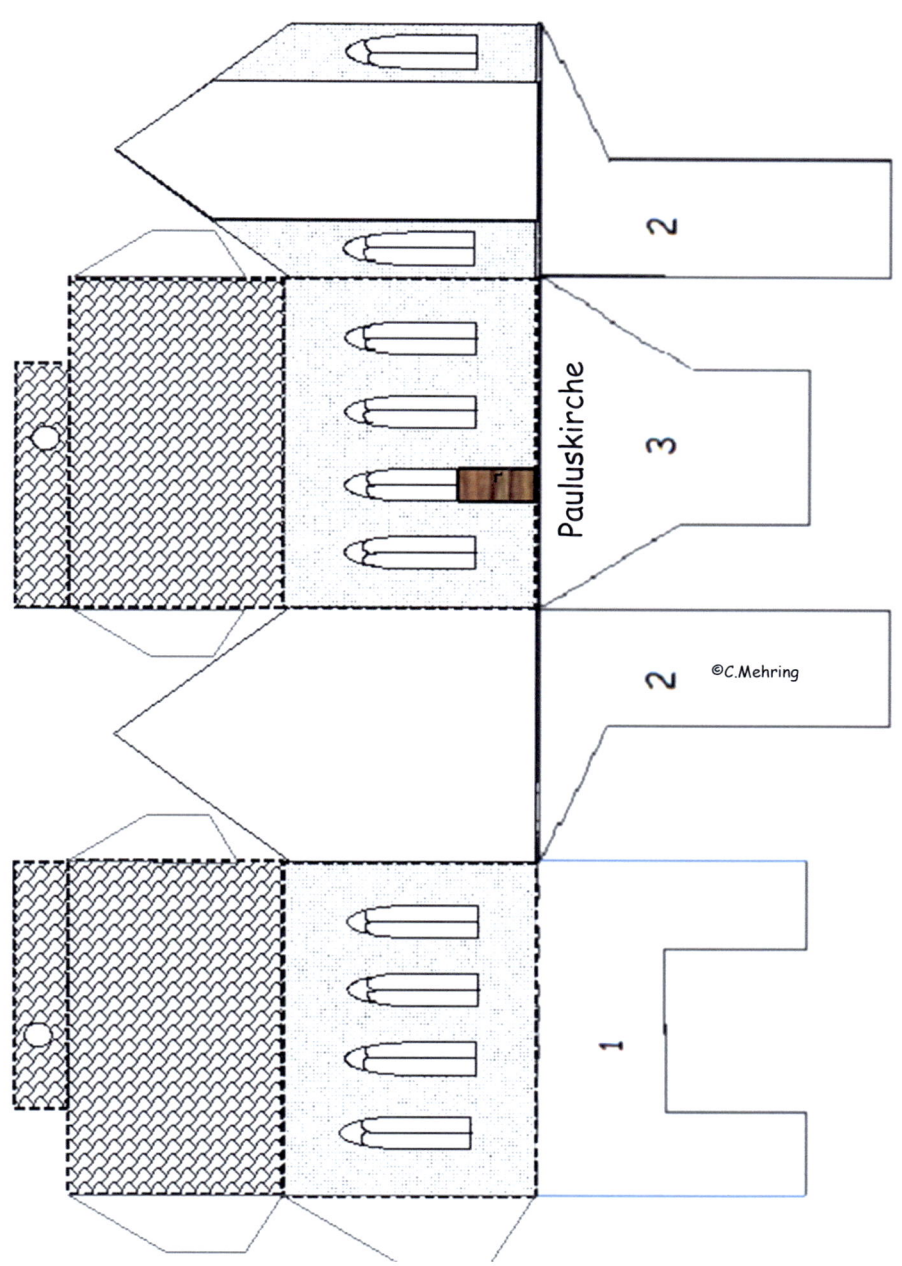

Pauluskirche

©C.Mehring

1655-59 wurde die kleine evangelische Kirche erbaut. Bis dahin benutzten die katholischen und die evangelischen Christen die heutige Propsteikirche gemeinsam.
Fritzi wird den Namen ‚Pauluskirche' nicht gekannt haben, so wurde die Kirche erst später genannt.
Am 12.6.1943 zerstörten Bomben die Kirche. Nach dem Krieg wurde sie an ihrem alten Standort wieder aufgebaut (neben Baltz).

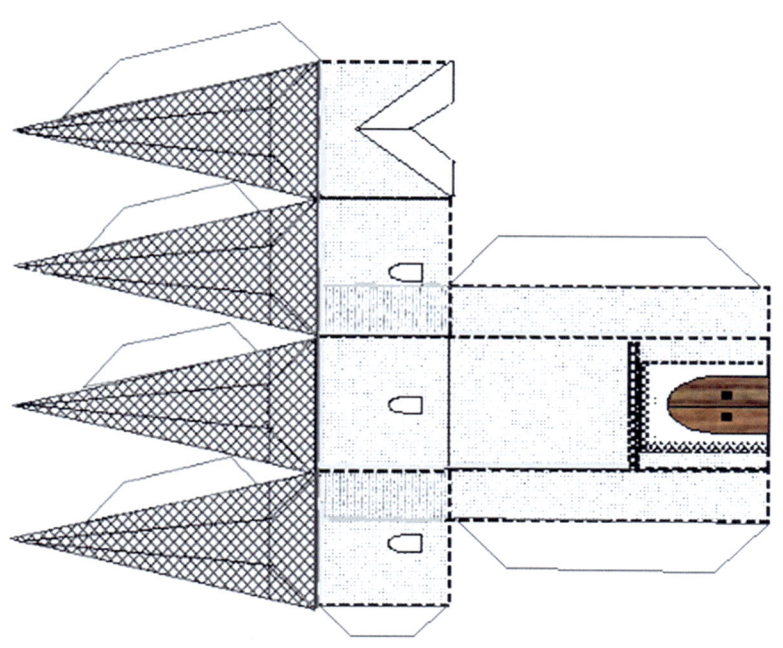

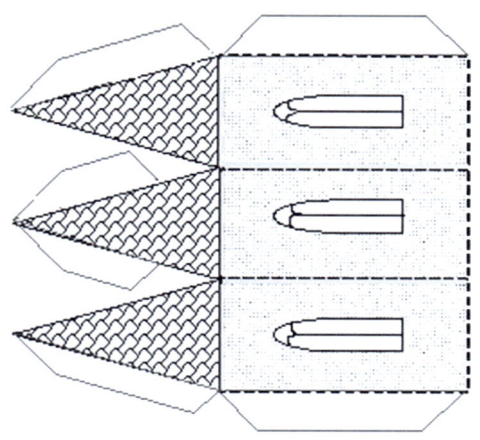

Rabatt

So kam es, dass der katholische Meister mit seinem ganzen Personal in der evangelischen Kirche die Kirchenbänke reparierte. Willi musste immer wieder neue Holzbohlen heranschleppte, Opa sägte in der Werkstatt, Anton und der Meister passten die neuen Bohlen in den Fußboden der Kirchenbänke ein, Fritzi reichte Werkzeug an. Bis Weihnachten war es ja nicht mehr lange! Und der Boden musste noch versiegelt werden und trocknen! Sogar beim Schein der Talglichtlampen wurde weitergearbeitet. Die Turmuhr hatte schon 8 mal geschlagen, da endlich war der Boden fertig! Fritzi hatte notiert, wie viel Material verbraucht worden war, listete die Kosten auf und addierte natürlich den Lohn dazu. Der Vater nahm die Liste rechnete noch einmal nach und schrieb etwas dazu. Dann übergab er die Rechnung dem Küster und dem Pastor, der ebenfalls erschienen war. Beide – das Schlimmste erwartend -ergriffen gleichzeitig das Papier, doch dann lächelten sie, als sie das Ergebnis sahen. „Tja," grinste der Meister, „ein bisschen muss der Engel im Himmel dann doch noch für unsere Werkstatt aufschreiben!"

Christbaumkugeln

Oma schimpfte auf Plattdeutsch vor sich hin. Das erste Messer schnitt das Brot nicht richtig, das zweite versagte völlig den Dienst, das dritte Messer hatte Scharten. Woher die wohl kamen? Sie hatte Willi in Verdacht, dass er versucht hatte, mit dem Messer die verschlossene Tür in die hintere kleine Speisekammer aufzuhebeln. Hier lagerte nämlich das Weihnachtsgebäck, der Honig, der Zucker..... Oma blieb nichts anderes übrig, als Fritzi zum Scherenschleifer zu schicken. Die Messer wurden verpackt und in einen Korb gelegt. Fritzi rannte los. Das Scherenschleiferhäuschen lag im ärmlichen Gerberviertel. Der Scherenschleifer machte sich in seiner ungeheizten Werkstatt sofort an die Arbeit. Fritzi wartete in der winzigen, einfachen Wohnküche. Da holte die abgearbeitete Frau des Schleifers einen Karton aus dem Regal und stellte ihn auf den Tisch. Vorsichtig öffnete sie den Deckel und schaute Fritzi erwartungsvoll an. Und was Fritzi sah, war wirklich wunderschön! 6 zarte Kugeln in den schönsten Farben aus hauchfeinem Glas! Nur die Reichen konnten sich Christbaumkugeln aus Glas leisten! Doch da fiel Fritzi ein, dass die Schwester der Frau nach Böhmen geheiratet hatte! Dort waren doch die Glasbläser zuhause! Die Schwester hatte tatsächlich die kostbaren Kugeln geschickt und sie waren sogar heile geblieben! „Ihr werdet in diesem Jahr den prachtvollsten Christbaum von ganz Bochum haben!", sagte Fritzi fast andächtig. Ein glückliches Lächeln huschte über das Gesicht der verhärmten Frau.

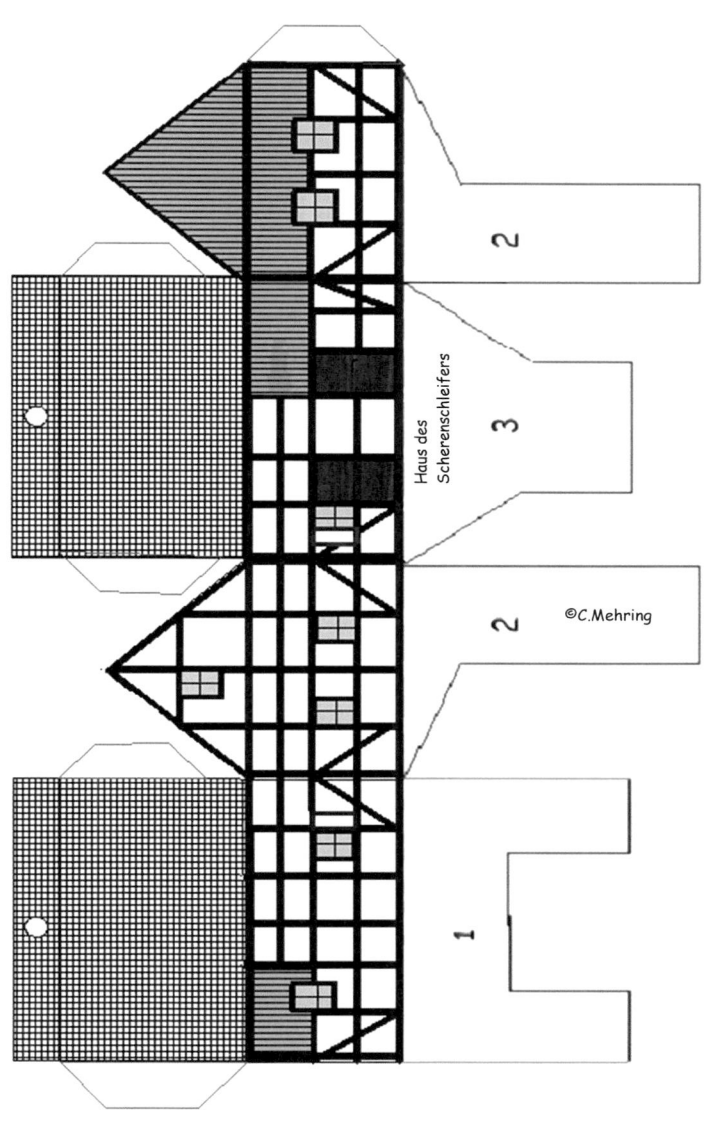

Haus des Scherenschleifers

©C.Mehring

61

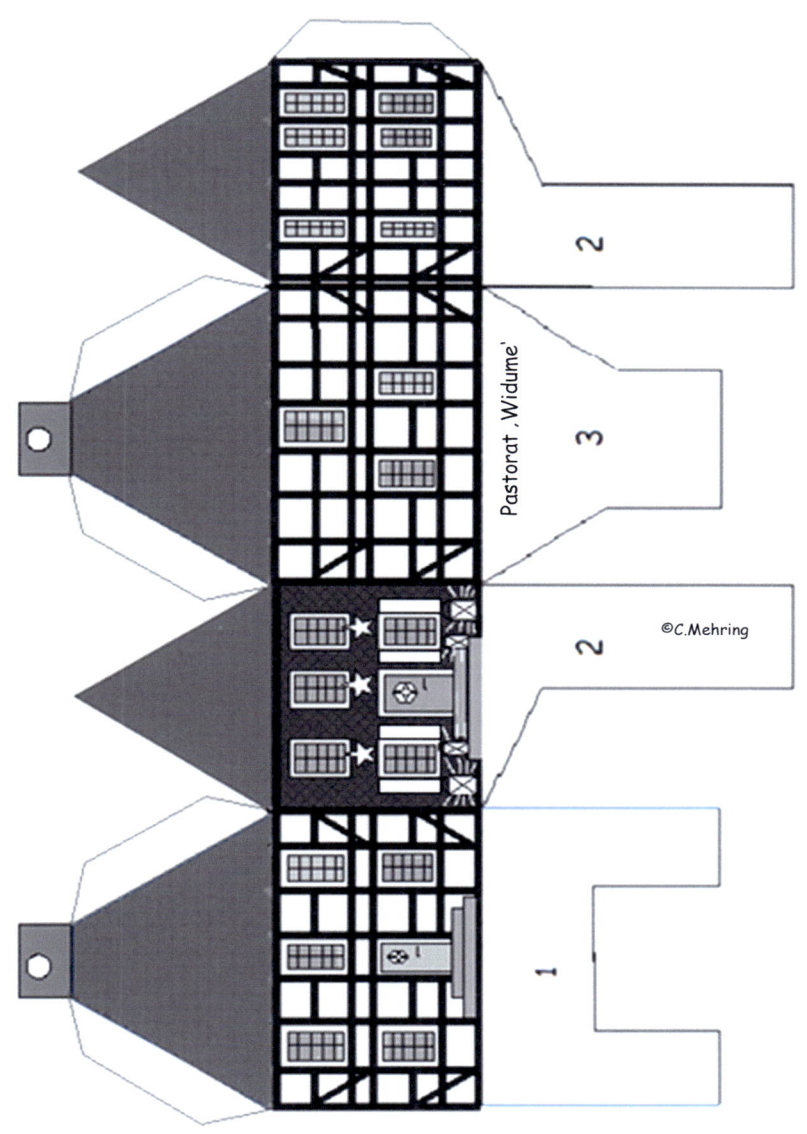

Pastorat ‚Widume'

©C.Mehring

Wahrscheinlich schon seit über 500 Jahren wohnte der Pfarrer außerhalb der Stadt auf seinen Ländereien. Damals mussten die Pfarrer selber Land bewirtschaften, das ihnen zur Verfügung gestellt wurde. Den Bochumer Pfarrern ging es gut, sie besaßen ungefähr 12 Hektar Land. Nach der Einführung der Reformation besaßen der katholische Pfarrer und der Frühmessner nur noch 4 $\frac{1}{2}$ Hektar. Das Haus soll fast wie ein Rittersitz ausgesehen haben, mit einem Graben umgeben, so berichtete Kortum. 1804 zog Pfarrer Fiege aber in die Stadt in den Freihof. 1830 wurde die ‚Schmechtings Wiese' verkauft, sie gehörte bis dahin auch zu den Ländereien der Kirche. Heute gibt es noch eine Widumestraße und einen kleinen Park ‚Schmechtings Wiese' in der Nähe des Bergbaumuseums. Wie das Pfarrhaus ausgesehen hat, weiß niemand mehr.
Ich habe als Vorlage das Pfarrhaus benutzt, das im Freilichtmuseum Detmold zu besichtigen ist.

Der Christbaum

Wie jedes Jahr durfte sich die Familie des Schreiners einen Christbaum aus dem riesigen Garten des Pfarrers ‚aus der Widume' holen. Dafür allerdings erledigte er kleinere Reparaturen in der Kirche St. Peter und Paul, in der Widume und im Primissariat umsonst. Das Wetter war fürchterlich, der Weg matschig; und so quälten sich Anton, Fritzi und Willi mit dem Leiterwagen zur Widume. Nach einer halben Stunde standen sie vor den Tannenbäumen, einer sollte mit einem Faden gekennzeichnet sein. Doch leider waren zwei Bäume gekennzeichnet, der eine hatte einen roten, der andere einen blauen Faden! Ratlos sahen die drei sich an. Da entschied Willi: "Wir nehmen den mit dem blauen Faden, der ist sowieso schöner!" „Tja", vermutete Fritzi, „dann haben wir mit Sicherheit den falschen Baum erwischt!" „Blöde Kuh!", schimpfte Willi. In der Zeit hatte Anton den Baum schon gefällt, sie banden ihn auf dem Leiterwägelchen fest und zockelten wieder nach Hause. Erst nach der Uchte stellte sich heraus, dass Fritzi recht gehabt hatte, in ihrer guten Stube stand der Baum, den der Pastor sich ausgesucht hatte. Zuuu spääääääät!

Panik

In der Werkstatt sah es aus wie in einem Pferdestall, auf der Deele türmten sich die Kartons mit den Bauklötzen, in der guten Stube hatte Anton die zierlichen Möbel für die Puppenhäuser aufgebaut. Im Elternschlafzimmer standen 2 wunderschöne Puppenhäuser. Hoffentlich würde es nicht regnen, wenn der Weihnachtsmarkt stattfand! Die Schreinerfamilie hatte natürlich keinen professionellen Marktstand mit Verdeck! Und ……. überhaupt …. wusste der Gemeindediener schon Bescheid, dass sie einen Stand aufbauen wollten?
Ach du lieber Himmel! Natürlich nicht! Mama schimpfte über die geschäftsuntüchtigen Männer, die sich alle 3 (Opa, Vater und Anton) schnellstens in die Werkstatt verzogen, Oma bekam ‚Herzklabastern', Fritzi kaute an den Fingernägeln. Selbst Willi hielt vorsichtshalber bei **der** schlechten Stimmung seinen Mund.

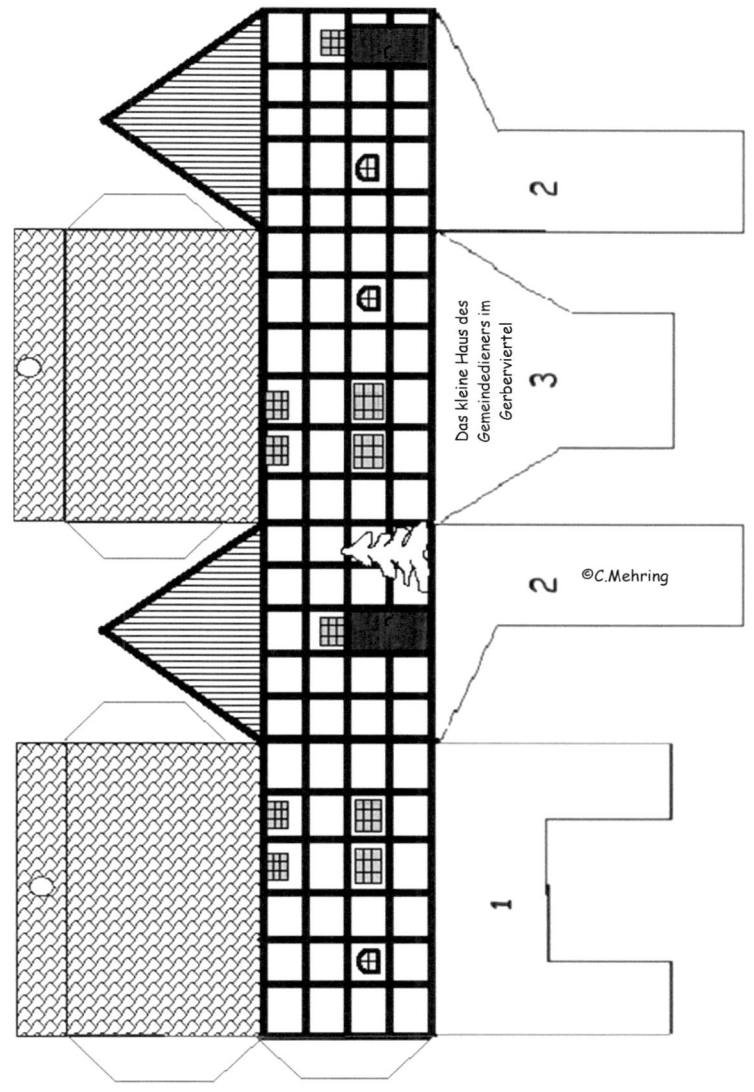

Das kleine Haus des Gemeindedieners im Gerberviertel

©C.Mehring

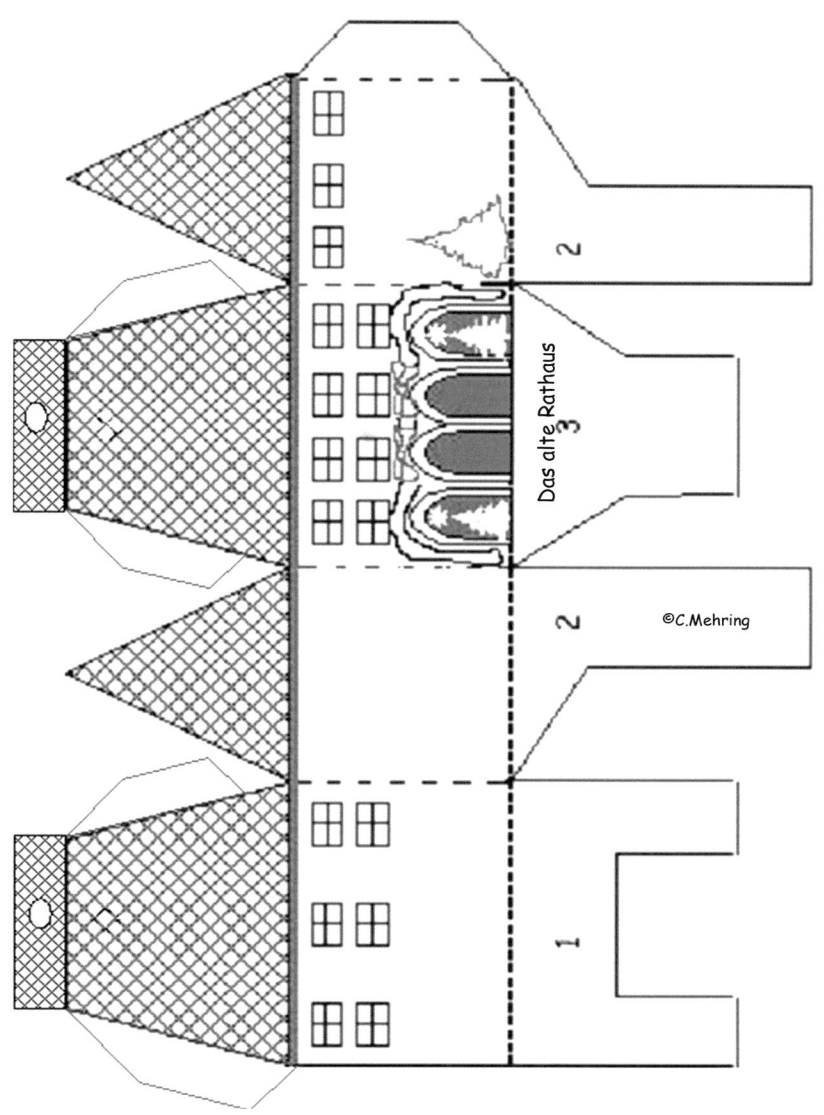

Das alte Rathaus

©C.Mehring

Das Gebäude wurde 1696 erbaut, es stand da, wo heute der Kuhhirte zu finden ist. Das Rathaus war etwa 18 m lang und 11 m breit und stand auf 5 gemauerten Pfeilern. Hinter diesen Pfeilern befand sich eine große Halle, hier standen an den Markttagen die Verkaufsstände.

Von der Halle führte eine Treppe in das obere Geschoss mit den Räumen für den Rat.

Carl Arnold Kortum, der uns das Rathaus beschrieben hat, berichtet von dem schlechten Zustand des Rathauses, das im Jahr 1789 notdürftig ausgebessert worden war.

1847 gab es wieder Pläne, das Rathaus zu renovieren. Erst 1855 wurden die Räume im Erdgeschoss mit einem Fußboden aus Bruchsteinplatten ausgestattet. Vorher war dort ein Lehmboden!

Im Jahr 1862 wurde das alte Rathaus verkauft und abgerissen.

Kleine Bestechung

Auf einmal wurde Oma hektisch: „Hol das Körbchen! Und dann eine Wurst aus dem Rauch!", beauftragte Oma ihre Enkelin.

Mutter musste ein Stück Butter einpacken, Oma holte einige Teile von dem Zuckerwerk aus der Speisekammer. Alles wurde in den Korb gelegt und gut mit einem Tuch zugedeckt. Fritzi hatte begriffen! Oma und sie zogen sich warm an und rannten los. Zum Glück war der Gemeindediener schon zuhause. Die beiden stellten das Körbchen auf den Tisch und Fritzi ließ wie zufällig das Tuch heruntergleiten. Dann brachten sie ihr Anliegen vor: Sie benötigten einen guten Platz in der Markthalle, die sich im Erdgeschoss des Rathauses befand. Der Gemeindediener brummte, er habe schon anderen einen guten Platz versprochen. Fritzi schob vorsichtig den Korb ein bisschen mehr in die Reichweite des Gemeindedieners. Oma berichtete, dass auch der Kuhhirte in seinen Knochen verspüren würde, dass das Wetter nicht gut würde! Die Holzartikel könnten doch nicht im Schneeregen stehen! Fritzi schob den Korb noch weiter dem Gemeindediener unter die Nase und flötete dabei: „Ja, und der Bürgermeister Herr Steelmann benötigt auch die Steuern von unserem Verkauf! Wovon sollen denn sonst die städtischen Angestellten – Gemeindediener und Nachtwächter – bezahlt werden?" Da nahm der Gemeindediener die Köstlichkeiten blitzschnell aus dem Korb und ließ sie in der Tischschublade verschwinden. „Ich werd' sehen, was ich tun kann!", knurrte er. „Oh, wir zählen auf Euch!", lächelte Fritzi, packte den Korb und die Oma, und schon waren sie aus der Tür. „Das klappt!", war sie sich sicher.

Weihnachtsmarkt

Seit gestern Abend stand der kleine Leiterwagen gepackt auf der Deele, dazu 2 Holzböcke und einige Bretter. In aller Herrgottsfrühe gab es schon Frühstück, natürlich Haferbrei. Und dann ging's los! Anton hatte sich die Holzböcke unter die Arme geklemmt, Vater schulterte die Bretter. Fritzi schnappte sich das kleinere Puppenhaus und ging mit, sie konnte diese beiden unbedarften Männer doch nicht alleine zum Rathaus gehen lassen! Sie würden einen Platz in der letzten Ecke bekommen! Einige Händler wuselten schon auf dem Platz und in der Halle herum, als Fritzi auf den Gemeindediener zustürmte. Sie knickste höflich (so gut es mit dem Puppenhaus im Arm ging) und fragte, wo ihr Stellplatz wäre. Natürlich nicht unter den Arkaden sondern im hinteren, dunklen Bereich an der Treppe zu den Amtstuben! Inzwischen waren auch der Vater und Anton angekommen, sie sahen auch sofort, dass sie zwar einen Platz in der Markthalle ergattert hatten, aber gut war der Standort nicht! Fritzi säuselte: „Bürgermeister Steelmann, **ein sehr guter Kunde von uns**, wird es sicherlich lieber sehen, wenn Bürger der Stadt die besseren Plätze haben! Denn sie zahlen Standgebühr **und** Steuern!" Zuerst herrschte Schweigen, doch dann hatte der Gemeindediener auf einmal noch einen Platz an einem Pfeiler der Arkaden! Als er sich umdrehte, um anderen Händlern ihren Platz zuzuweisen, hörte man ihn hässliche Schimpfwörter über ‚Weiber' ausstoßen! Und das vor Weihnachten!

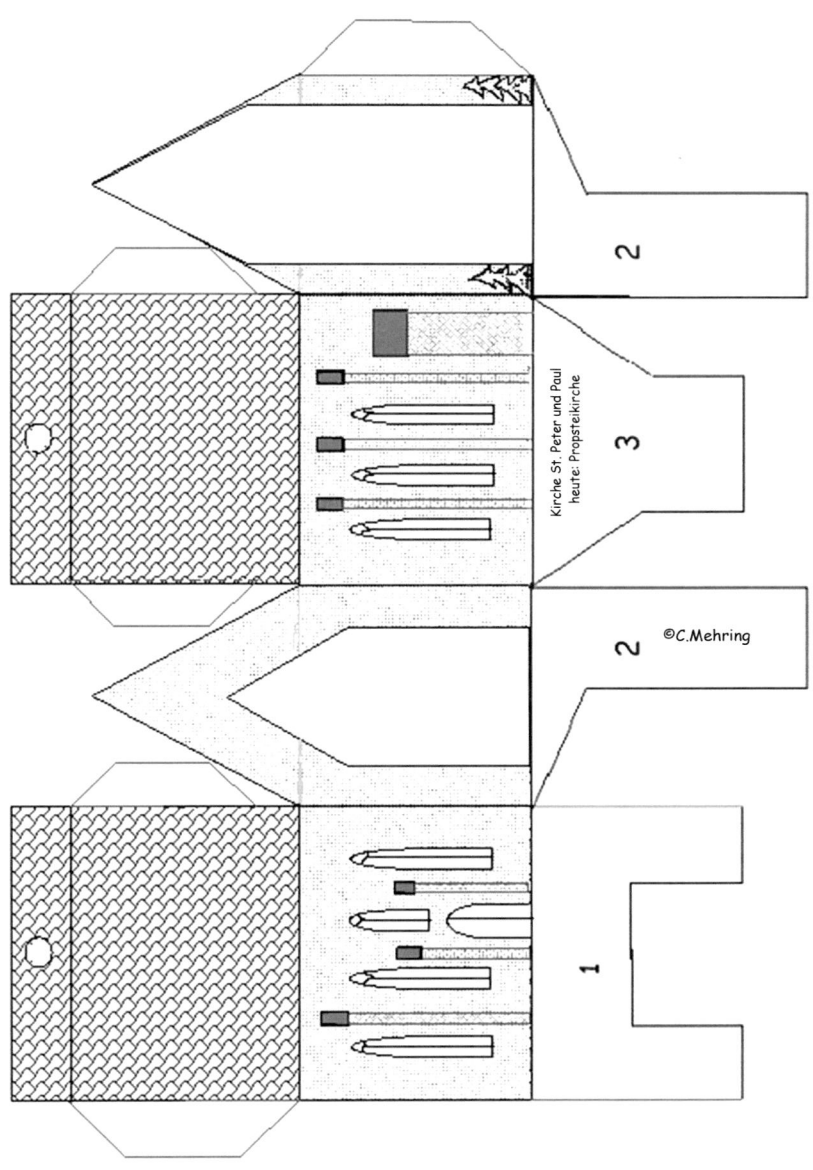

Kirche St. Peter und Paul
heute: Propsteikirche

©C.Mehring

Um das Jahr 800 herum wurde von Kaiser Karl dem Großen der Reichshof gegründet, dieser Reichshof lag an der Strecke zur Kaiserpfalz Paderborn. So ein Reichshof sollte den Kaiser und seinen Hofstaat, die Pferde und natürlich das Militär für eine Nacht versorgen. Neben dem Reichshof wurde eine Holzkapelle gebaut, die dem Apostel Petrus geweiht wurde. 200 Jahre später baute man eine Kirche aus Stein. 1517 brannte bei dem großen Stadtbrand auch die Kirche ab. Der Wiederaufbau dauerte bis 1547, vermutlich hatten die Bochumer durch den Brand so viel verloren, dass sie nicht noch für den Bau der Kirche spenden konnten. Nachdem die Reformation auch in Bochum die Christen in evangelische und katholische Christen geteilt hatte, blieb die Kirche katholisch, sie wurde aber jahrelang von beiden Konfessionen benutzt. Der hohe Turm (68 Meter) blieb sogar bis ins 19.Jahrhundert ökumenisch! 1872 wurde die Kirche vergrößert, 1888 wurde sie Propsteikirche. 1920 brannte es wieder in der Kirche, der Schaden wurde aber relativ schnell behoben. Doch 1944, als ganz Bochum in Schutt und Asche fiel, traf es auch die Propsteikirche hart. Diesmal zögerte sich der Wiederaufbau bis 1959 hin. In der Kirche sind viele Schätze zu bewundern, so gibt es zum Beispiel einen Taufstein aus der Zeit um 1175!

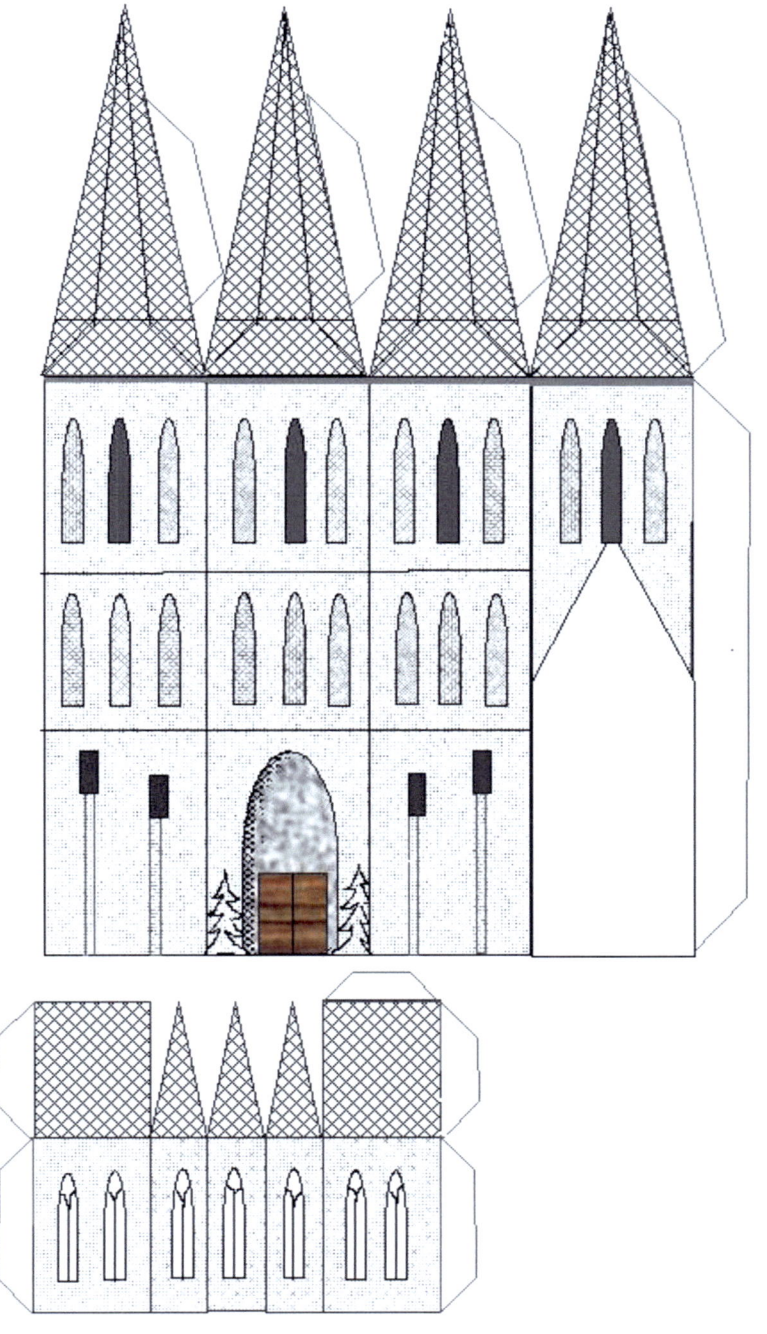

Die Krippe stammt aus dem Jahr 1834.

Hier musste ich für die Geschichte ein bisschen schummeln.

Schöne Bescherung

Mutter und Hilde waren noch schnell zum Markt geflitzt, Oma verschwand in der guten Stube. Der Vater saß in der Küche und trank Muckefuck und überdachte glücklich den gestrigen Tag. Bis auf ein Tischchen mit Stühlchen für die Puppenstube, die merkwürdigerweise immer verschwunden war, wenn Kunden sich für die kleinen Möbel interessierten, hatten sie alles verkauft! Sollte Fritzi.........?

Da stürzte der Küster – diesmal der katholische - in die Küche, er war außer Atem und kreidebleich. „Der Engel!", stammelte er. „Beim Transport ist ein Flügel abgebrochen! Wenn **das** der Pastor sieht!" „Den trifft der Schlag!", vermutete Fritzi. „Um das zu verhindern, werde ich wohl kommen müssen", brummelte Vater und stürzte den Rest des Muckefucks hinunter. Er holte Leim und kleine Zwingen. In der Kirche besah er sich den Schaden. Fritzi konnte den Mund nicht halten: „Schöne Bescherung!", doch Vater hatte inzwischen Leim auf die Bruchstelle gestrichen und mit der Hilfe des Küsters die kleinen Zwingen vorsichtig angezogen. „Heute Abend vor der Uchte kannst du die Zwingen vorsichtig entfernen, dann merkt der Pastor nichts. Aber nach Weihnachten werde ich wohl dübeln müssen!" „Fliegen kann er dann nicht mehr!", versuchte der unglückliche Küster einen kleinen Scherz. „Das ist auch nicht mehr nötig", ahnte Fritzi, „er wird ja für immer in Bochum bleiben."
Fritzi sollte Recht behalten.

Bastelanleitung:

1. Male die Teile mit Buntstiften an. Vermeide Wasserfarben oder Filzstifte, sie verändern die Struktur des Papiers.

2. Schneide die Teile des Hauses sorgfältig aus.

3. Knicke alle Teile.

4. Klebe zuerst die Außenmauern des Gebäudes zusammen, dann klebe das Dach. (Empfehlung : Holzleim)

5. Wenn alles getrocknet ist, kannst du das kleine Pralinenhaus befüllen. Befülle es nur mit eingepackten Süßigkeiten, das ist appetitlicher.

6. Für den Boden folge der Nummerierung der vier Teile. Die Nummer 1 und die beiden Teile mit der Nummer 2 ergeben einen kleinen Schlitz wie bei einer Spardose. Hier schiebst du die Lasche der Nummer 3 hinein. Wenn dein kleines Geschenk nicht zu schwer ist, hält dieser Verschluss. Wenn du befürchtest, dass dein kleines Geschenk abstürzt, hilft ein Stück Klebeband.

7. Soll dein Pralinenhäuschen aufgehängt werden, steche vorsichtig ein Loch in die abstehende Kante am Dachfirst. Ziehe durch das Loch einen (goldenen) Faden und knote ihn zusammen.

Wo findest du in Bochum etwas über die Biedermeierzeit?

Das **'Bochumer Zentrum für Stadtgeschichte'** befindet sich an der **Wittener Str.47.**   Tel: 0234 9109510

Zu sehen ist dort das Stadtmodell, das die Stadt zeigt, wie Fritzi sie gekannt haben mag.

Es ist geöffnet:

Di - Fr: 10.00-18.00   Sa, So: 11.00-17.00

Mo   :   Geschlossen

Der Eintritt ist frei, bitte den Veranstaltungskalender beachten.

Wie sah eine Schreinerwerkstatt aus?

Wenn du dich für Werkstätten interessierst, musst du ins Freilichtmuseum nach Hagen fahren. Dort kannst du viele voll eingerichtete Werkstätten besichtigen, in einigen wird auch gearbeitet.

LWL-Freilichtmuseum Hagen

Westfälisches Landesmuseum für Handwerk und Technik

Mäckingerbach   58091 Hagen   Tel.: 02331 7807-0

E-Mail: **http://www.lwl.org/LWL/Kultur/LWL-Freilichtmuseum_Hagen**

1.4.-31.10.2010 täglich ab 9 Uhr, außer montags

Wie sah es in Fritzis Wohnhaus aus?

Wenn du gerne einmal sehen möchtest, wie so ein Ackerbürgerhaus aussah, musst du etwas weiter fahren. Dafür fühlst du dich auf dem riesigen Gelände in eine andere Zeit versetzt.

LWL-Freilichtmuseum Detmold

Westfälisches Landesmuseum für Volkskunde

Krummes Haus   32760 Detmold   Tel. 05231/706-0

www.lwl-freilichtmuseum-detmold.de

Öffnungszeiten   **April bis Oktober:**

Dienstags bis sonntags und an allen Feiertagen: 9 bis 18 Uhr (Einlass bis 17 Uhr)

Bereits als Buch bei Books-on-Demand erschienen:

Uropas Sicht der Dinge Die 1000-jährige Geschichte der Stiepeler Dorfkirche und Bochums aus der Sicht eines alten Stiepelers	**Wer fürchtet sich vorm Topfgespenst** Ein uralter Tontopf – gefunden auf dem Gelände hinter der Stiepeler Dorfkirche – gibt Rätsel auf
Mick Maus baut ein Haus Schwierigkeiten beim Einzug in eine Papp-Immobilie - mit vielen Bastelanleitungen	**Clara juckelt durch Europa** Das Nashorn des berühmten Gemäldes von J.B.Oudry will noch einmal die Stationen seines Lebens sehen
Schüleraustausch Bereit für eine Reise durch die Zeit?	**Mick Maus als i-Mäuschen**
„O nee, nä!",sagte Anton, der Maulwurf Eine ungewöhnliche Führung über den alten Stiepeler Friedhof	**Wolli Wollkäfer und seine Bande** ‚Ungeziefer' möchte eine kleine Bochumer Schule besichtigen
Mathilde, die mathematisch begabte Schnecke Mathilde, die Weinbergschnecke, kann sogar das kleine 1 x 1 !	**Stippvisiten bei Fritzi** 3 Reisen in die Biedermeierzeit Zielort: Bochum!
Zurück in Bochum Erzählungen vom Stadtpark-Frosch	**Fritzis Bochum** 6 Erzählungen aus der Biedermeierzeit 6 Bastelmodelle von Bochumer Häusern
Lebensbilder (Adolf Mehring 1922 – 2009)	**Lebensbilder (Marianne Mehring geb.Hansmann 1930)**
Ein Mops lief in die Kirche Eine etwas andere Kirchenführung durch die Stiepeler Dorfkirche	**Wer zu spät kommt, den bestraft das Leben** Spielplan mt den Bochumer Straßen in der Biedermeierzeit

Alle Bücher sind im Buchhandel erhältlich.

Herstellung und Verlag:
BoD - Books on Demand, Norderstedt
ISBN 978-3-7322-8258-6